Couvertures supérieure et inférieure
en couleur

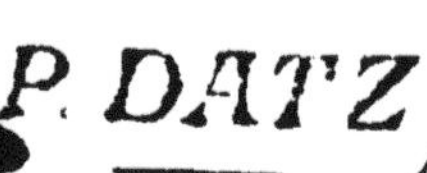

HISTOIRE de la PUBLICITÉ

DEPUIS LES TEMPS LES PLUS RECULÉS JUSQU'A NOS JOURS

TOME PREMIER

ORNÉ DE 16 ILLUSTRATIONS DESSINÉES PAR F. COURBOIN

PARIS

ROTHSCHILD ÉDITEUR

13, RUE DES SAINTS-PÈRES, 13

—

1894

EXTRAIT DU CATALOGUE

Les Ministres dans les principaux pays d'Europe et d'Amérique. — Angleterre, Belgique, Italie, Prusse, Empire d'Allemagne, Etats-Unis d'Amérique, Suisse, France. Par L. Dupriez, (*Professeur à l'Université de Louvain, Avocat à la Cour d'appel de Bruxelles*). Ouvrage couronné par l'Académie des sciences morales et politiques. Il est complet en deux volumes. Prix. **20 fr.**

Le Gouvernement et le Parlement britanniques, par le comte de Franqueville (*ancien Maître des requêtes au Conseil d'Etat*). — Tome I. Le Gouvernement. — Tome II. Constitution du Parlement. — Tome III. La Procédure parlementaire. — Publication de luxe, 3 volumes grand in-8, formant 1,768 pages. Prix de l'ouvrage complet . . . . **30 fr.**

Le Système judiciaire de la Grande-Bretagne, par le comte de Franqueville (*membre de l'Institut, ancien maître des requêtes au Conseil d'Etat, ancien avocat à la Cour de Paris*). L'ouvrage est complet en deux forts volumes d'environ 1,400 pages, imprimées sur très beau papier. Le premier volume contient l'ORGANISATION JUDICIAIRE; le deuxième volume, LA PROCÉDURE CIVILE ET CRIMINELLE. — Prix des 2 volumes . . . . **30 fr.**

Traité des Eaux. — DROIT ET ADMINISTRATION, par Alfred Picard (*Inspecteur général des Ponts et Chaussées, Président de la Section des Travaux publics, de l'Agriculture, du Commerce et de l'Industrie au Conseil d'Etat.*) Tome I à III. — 3 volumes grand in-8; 1,800 pages. Prix. **50 fr.**

Exploitation commerciale des chemins de fer. — Transport des voyageurs et des marchandises; régimes des embranchements; obligations des concessionnaires pour les services publics; recettes de l'Exploitation, par Alfred Picard (*Président au Conseil d'Etat, Inspecteur général des Ponts et Chaussées*). Un fort volume grand in-8, 1,164 pages avec une table alphabétique des matières, en 48 pages. Relié en demi-chagrin. Prix . . . . **40 fr.**

Transports et Tarifs, précis du régime des routes et chemins. — Canaux et rivières. — Ports de mer. — Chemins de fer. — Lois économiques de la détermination des prix de transport. — Prix de revient. — Statistique du trafic. — Tarifs des Chemins de fer français. — Comparaisons avec les principaux pays étrangers, par C. Colson (*Ingénieur des Ponts et Chaussées, Maître des Requêtes au Conseil d'Etat*). Un fort volume, grand in-8; 480 pages avec trois planches. Prix. . **7 fr. 50**

L'Eau. — 23 Compositions par A. Sésanne; texte par Alphonse Daudet, Paul Arène, Charles Yriarte et H. de Parville. Ouvrage de grand luxe in-folio, avec 14 planches sur cuivre hors texte imprimées en couleur. Tirage à 525 exemplaires. Prix des exemplaires, avec planches tirées sur cuivre en couleur fac-similé d'aquarelle, **60 fr.** Relié, **80 fr.** — Exemplaires avec les planches en noir. **30 fr.**; relié . . . . **40 fr.**

Les Phénomènes de l'Atmosphère. — Traité illustré de Météorologie pratique d'après le professeur Mohn (*Directeur de l'Observatoire météorologique de Norwège*). Avec une introduction par Henri de Parville. — Ouvrage illustré de 200 gravures et de 24 cartes en couleur. Un volume grand in-8. Prix. **7 fr.** Relié. . . . **10 fr.**

Venins et Poisons. — (Empoisonneurs et empoisonnés.) — Leurs fonctions dans la vie et leurs utilité et dangers pour l'homme, par A. Coutance (*professeur*). Un fort volume. sur papier teinté. in-8, 430 pages. Prix . . . . **10 fr.**

La Lutte et les Lutteurs, par Léon VILLE. Introduction par le baron DE VAUX. Histoire, les Saltimbanques, les exercices corporels au point de vue de l'hygiène. Traité pratique, orné de 23 planches et de nombreuses vignettes reproduisant toutes les prises de Lutte, photographiées d'après nature, par NADAR. Un vol. in-8. **10 fr.** Relié. **15 fr.**

Les Souffrances du Professeur Delteil, par Champfleury. 5e édition, ornée de 24 gravures par Crafty. Un volume sur papier teinté **5 fr.** — Relié . . . . **7 fr.**

Autour du Concile. — Croquis et souvenirs d'un artiste à Rome, par Charles Yriarte. — Un beau volume avec 90 eaux-fortes et illustrations, par Heilbuth, Detaille, Godefroy-Durand, Bocourt, Wallet, de Liphart, Charles Yriarte. Prix : **8 fr.** Relié. . . **10 fr.**

La Vie d'un Patricien de Venise au XVIe siècle, d'après les papiers d'Etat des Archives des Frari, par Charles YRIARTE. — *Ouvrage couronné par l'Académie française.* — Edition de luxe grand in-8, illustrée de 136 gravures, dont 16 tirées hors texte et 8 planches sur cuivre. d'après les monuments du temps et les fresques de Paul Véronèse. — Prix **30 fr.**; relié demi maroquin avec fers spéciaux, **40 fr.**; 50 exemplaires sont imprimées sur japon . . . . **60 fr.**

Rimini. — *Un Condottiere au XVe Siècle*. — Etudes sur les Lettres et les Arts à la Cour des Malatesta, d'après les papiers d'Etat des Archives d'Italie, par Charles Yriarte. — Un volume grand in-8, avec 200 illustrations d'après les monuments du temps. — Prix : broché, **25 fr.**; relié toile avec fers spéciaux, **30 fr.**; relié en demi-maroquin, **32 fr.**; édition sur japon. . . **60 fr.**

HISTOIRE

DE LA PUBLICITÉ

Original en couleur

NF Z 43-120-8

TOME PREMIER

ORNÉ DE 16 ILLUSTRATIONS

DESSINÉES PAR F. COURBOIN

PARIS

ROTHSCHILD, ÉDITEUR

13, RUE DES SAINTS-PÈRES, 13

—

1894

HISTOIRE
DE LA PUBLICITÉ

PREMIÈRE PARTIE

CHAPITRE PREMIER

A TRAVERS L'ANTIQUITÉ

VANT de commencer l'histoire de la publicité chez les hommes, nous consacrerons quelques lignes initiales à la publicité chez les dieux, ne serait-ce que pour nous rendre ces derniers favorables.

La publicité céleste ! Ne riez pas: nous voulons mettre ici en cause la mythologie païenne.

Et qu'était-ce que la Renommée, cette déesse allégorique messagère de Jupiter suivant Homère ?

Sophocle lui donnait pour mère l'Espérance, et Virgile la Terre ; l'auteur de l'*Enéide* entrevoyait déjà pour ses œuvres une publicité pratique. La Renommée habitait, selon les écrivains grecs, un palais situé au milieu de l'Univers et devant lequel se tenaient la Crédulité, l'Erreur.

la Joie. la Crainte. la Rumeur et parfois la Fortune et la Gloire.

Or cette Renommée (fig. 1), qui avait des temples à Athènes et à Rome, n'est-elle pas l'idée première de la publicité?

Fig. 1. — La Renommée. — Estampe anonyme du XVIe Siècle.

Messagère aux cent voix, à Athènes, sous le nom de *Phemé* et d'*Ossa*, elle publie les actions glorieuses et glisse parfois une réclame commerciale. C'est par elle que nous apprenons que le miel de l'Hymette est supérieur à tous les mets connus, par elle encore nous savons que Corinthe cultive d'excellents raisins et que l'argent est nécessaire pour y passer la saison : *Non datur omnibus adire Corinthum*. Elle raconte déjà les travaux d'Hercule, fait connaître la Pythie de Delphes et commence à se lier avec sa sœur, la nymphe Pharmacée, compagne d'Orithijia.

A Rome, c'est la triomphante Fama, déesse aux trompettes multiples, qui nous montre Romulus allaité par une louve et Lucrèce filant la laine, mais nous recommande aussi les vins de Falerne, les huîtres d'Osties et les délicats oiseaux du Phase.

C'est, dès la plus haute antiquité, la gloire se mêlant au commerce. Voilà donc la publicité d'essence divinement païenne; il nous sera plus aisé de démontrer par la suite que chez tous les peuples, dans tous les pays, elle a été largement utilisée, non par la plèbe industrielle ni par les serfs enchaînés au sol, mais par les rois, les prêtres, les héros.

La publicité des Grands nous a conservé la trace de leurs exploits, la splendeur de leurs règnes, l'illustration de leurs personnes.

Mais à cette époque reculée la publicité ne sortait pas d'un milieu fort restreint, et il en fut ainsi pendant des milliers et des milliers d'années, comme nous le décrirons par la suite.

Pour déployer des grandes ailes et avoir sa liberté d'allures, il fallut à la publicité attendre un monde nouveau Elle n'a réellement pris son essor qu'au commencement de ce siècle.

Quoique petite-fille de la Révolution, c'était une vieille fille déjà quand le XIXe siècle est venu l'émanciper.

Mais passons aux choses sérieuses en même temps qu'humaines, c'est-à-dire à la publicité chez les anciens.

N'était-ce pas déjà un commencement de publicité grossière que ces images d'animaux et de combats gravés par

Fig. 1. — Quippo péruvien. — Tiré de Philippe Berger, *Histoire de l'Écriture dans l'Antiquité*.

les hommes des temps préhistoriques sur des morceaux de bois ou sur des os ?

Publicité aussi, ces bâtonnets des Scythes et des Tartares que nous retrouvons aujourd'hui chez les Australiens, comme aussi les anciens *wampums* des Iroquois. les peaux illustrées des Indiens de l'Amérique du Nord, les *bois-parlants* de l'île de Pâques et les cailloux du Yucatan.

Les Péruviens se servaient de *quippos* fig. 2 . sorte de cordelettes à nœuds de diverses couleurs. pour conserver la mémoire des grands événements et faire connaître au peuple les hauts faits de leurs souverains.

Le musée ethnographique du Trocadéro possède deux quippos anciens que son savant directeur. le docteur Hamy. classe parmi les pièces les plus précieuses de sa riche collection.

Et n'était-ce pas encore une sorte de publicité vivante que ces tatouages *ad hominem* qui apprenaient aux anciens sauvages les exploits de leurs chefs. sorte de blason figuratif où chaque guerrier faisait la publicité de ses aventures ?

ARMI les peuples anciens. les Chinois. qui se vantent d'avoir inventé la poudre. sont les premiers qui firent usage de la publicité.

C'était un véritable morceau de publicité, en effet, que cette inscription érigée sur le mont Heng-chan par Yu le Grand. 2278 ans avant notre ère, en commémoration de l'écoulement des eaux du déluge. Cette inscription en caractères « têtards », conservée dans la ville de Si-nganfou (province du Chen-si), a été copiée et traduite en français par le Père Amyot.

Si de la Chine nous descendons dans le centre de l'Asie. nous trouvons une publicité bien autrement sérieuse. lancée autrefois par les rois perses et les souverains de Babylone.

publicité faite en caractères cunéiformes sur les portes de leurs palais, les briques cuites de leurs murailles et les pavés de leurs rues.

Le type du genre est cette célèbre inscription trilingue gravée en quatre cents lignes par ordre de Darius sur le

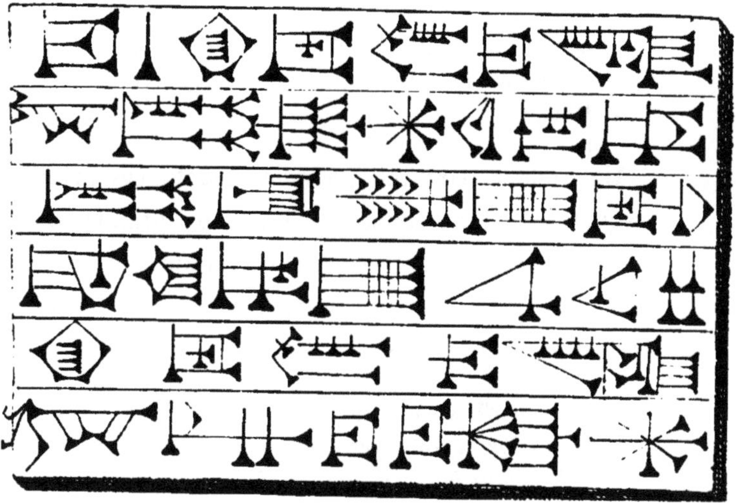

Fig. 5. — Brique assyrienne. — Tiré de Philippe Berger, *Histoire de l'Écriture dans l'Antiquité*.

rocher de Behistoun et découverte en 1836 par H. Rawlinson.

Cet Anglais donna au monde savant une copie de l'inscription sculptée à 300 pieds au-dessus du sol et dans laquelle le fils d'Hystape rappelait les hauts faits des siens, sans oublier sa royale personne.

Mais une publicité souveraine, bien plus curieuse encore et rapportée par M. Philippe Berger dans son savant et classique ouvrage : *Histoire de l'écriture dans l'antiquité*, est cette publicité babylonienne qui se trouve sur les briques. On peut prendre, dit-il, une de ces briques (fig. 3) que l'on trouve en si grand nombre dans les ruines de Babylone et qui portent la marque de Nabuchodonosor imprimée avec un timbre en bois sur la terre fraîche :

« Nabukuriussur : roi de Babylone, fils aîné de Nabopalasar, « roi de Babylone, restaurateur de la tour et de la pyramide. « — Moi. »

Malgré leur date relativement récente, ces briques, avec lesquelles étaient construits les deux grands édifices de Babylone, la tour à étages et la pyramide, ont un certain air archaïque et font penser au récit de la tour de Babel dans la Genèse (XI, 3) :

« *Et ils se dirent l'un à l'autre :*
« *Allons, briquetons des briques, et cuisons-les au feu.* »
« *Et la brique leur tint lieu de pierre, et le bitume de ciment.* »

A Nabuchodonosor, la brique tenait lieu de prospectus ; aussi, lorsque les Babyloniens élevaient des barricades, ils se jetaient d'abord des injures, puis leur roi à la tête.

CHAPITRE II

ous ferons un crochet pour passer des Chinois et des Babyloniens à d'autres peuples tout aussi versés dans la publicité monumentale et marchande, nous voulons parler des Égyptiens et des Hébreux.

Des rochers et des briques, nous arriverons aux pyramides, aux sphinx et surtout aux obélisques.

L'Égypte est la terre des monuments : palais ou pyramides, monolithes ou tombeaux : monuments tous couverts d'une écriture figurative qui jusqu'au commencement de ce siècle avait paru indéchiffrable.

Nous voulons parler des hiéroglyphes, dont l'origine se perd dans la nuit des temps. « Dès l'origine, dit Champollion, dans sa *Grammaire égyptienne*, les images d'objets réels, premiers éléments de l'écriture hiéroglyphique, n'offraient sans doute point à l'œil cette naïveté d'imitation unie à la finesse élégante du travail qu'on admire dans les inscriptions des obélisques et des grands monuments de Thèbes ; mais, quelque grossiers que fussent ces premiers essais de sculpture, ils avaient pour but essentiel l'imitation des objets portée aussi loin que le permettaient l'inexpérience de la main et le défaut d'instruments perfectionnés. »

Les hiéroglyphes se trouvent partout en Égypte, aussi bien sur les pierres des monuments que sur les bandelettes des momies et sur les papyrus qui nous sont parvenus.

La fameuse découverte de la pierre de Rosette, faite au mois d'août 1799 par un officier d'artillerie nommé Boussard, attaché à l'expédition d'Égypte, vint donner les premiers éléments pour interpréter l'écriture hiéroglyphique.

Cette pierre portait une inscription reproduite successivement en hiéroglyphes, en écriture démotique et en grec; l'une aidant l'autre et les savants se mettant de la partie, l'on fut amené à reconnaître que les caractères hiéroglyphiques formaient une sorte d'écriture sacrée dont les caractères, gravés par les prêtres, racontaient la gloire des dynasties royales de l'Égypte et les hauts faits des Pharaons.

Ainsi l'inscription de Rosette contenait un décret solennel en l'honneur de Ptolémée V. Ainsi les hiéroglyphes des temples chantaient la gloire des rois; les caractères sacrés tracés sur les bandelettes des momies devaient apprendre aux générations futures les vertus ou les défauts du mort.

Les hiéroglyphes étaient donc des caractères figuratifs réservés à la publicité royale et sacerdotale, seule publicité des temps anciens, nous l'avons déjà dit.

On ne cherchait pas encore, en ces époques primitives, à vanter les vertus de l'eau du Nil en gravant sur la pierre les bienfaits de ses inondations.

Les hiéroglyphes se contentent de nous apprendre que

tel Ptolémée est grand, seigneur très excellent et chéri des dieux : que tel autre est plus grand encore, déroulant en d'étranges figures la publicité de sa royale existence.

Sans en chercher plus loin la preuve, il nous suffira de décrire l'obélisque de la place de la Concorde fig. 4, monument fameux de la publicité royale hiéroglyphique.

Cet obélisque, on le sait, provient des ruines de Thèbes, dans la haute Égypte, où il était encore debout lorsqu'il fut donné à la France par Méhémet-Ali.

Un ingénieur de la marine, Lebas, fut chargé d'enlever ce monument à la terre égyptienne et de le ramener en France sur une allège spécialement construite pour ce transport difficile. Embarqué sur le Nil le 19 décembre 1831, l'obélisque arriva à Paris le 23 décembre 1833. Il fut dressé sur la place de la Concorde le 25 octobre 1836 en présence de Louis-Philippe et de la famille royale. L'opération, dirigée par Lebas, fut achevée en moins de trois heures et réussit complètement.

L'obélisque, formé d'un seul bloc de granit rose, mesure, y compris le pyramidion tronqué et fendu à son extrémité supérieure, une hauteur de 22ᵐ,83. Il pèse 250.000 kilogrammes. Le dé du piédestal, en granit des carrières de Lanildut (Finistère), est également d'un seul bloc, de 4 mètres de hauteur sur 1ᵐ.70 de largeur.

Ce monument est couvert, comme tous ceux du même genre, d'hiéroglyphes taillés dans la pierre à une profondeur de 150 millimètres et qui célèbrent les travaux et les vertus de Rhamsès et de Sésostris.

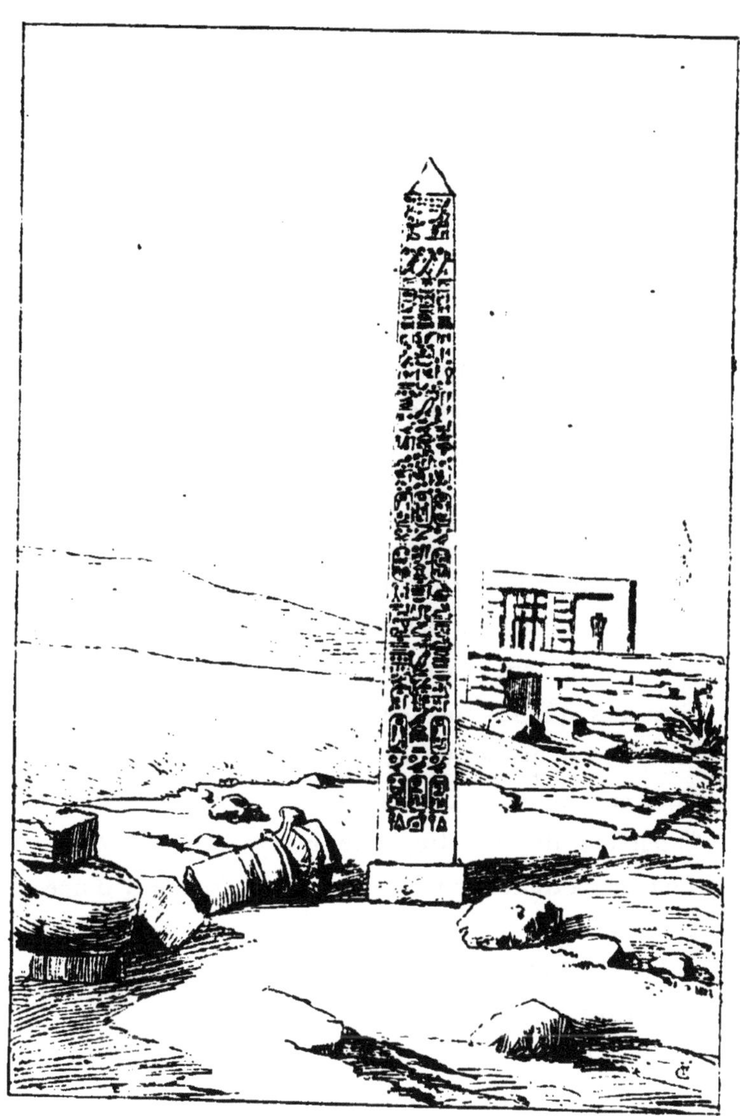

Fig. 4. — L'Obélisque de Louqsor.

Ce monolithe, vieux de plus de trente-quatre siècles. est un des plus beaux spécimens de la publicité royale dans l'Égypte antique au temps de Moïse.

Cet obélisque ornait. en effet. l'entrée du palais du Pharaon Aménophis-Memnon. de la XVIII° dynastie. Ce Pharaon. aïeul de Sésostris. régna de l'an 1687 à l'an 1657 avant Jésus-Christ. Les inscriptions de notre obélisque peuvent se diviser en deux parties :

1° Immédiatement au-dessous du pyramidion est le *bas-relief* des offrandes, qui occupe toute la largeur de chaque face :

2° L'inscription proprement dite. dont les signes. divisés en *trois colonnes* parallèles et écrits les uns au-dessous des autres. isolément et par groupes, forment trois inscriptions verticales qui se lisent de haut en bas. Ne voulant point faire de cet historique de la publicité une œuvre scientifique et linguistique. nous donnerons simplement. d'après l'opuscule de M. Hippolyte Ferry sur l'*Obélisque de Louxor*. la traduction d'une *scène d'offrande* et d'une *inscription verticale*.

Nous prendrons la face Nord, c'est-à-dire du côté de la Madeleine.

Voici la *scène d'offrande*, traduite, par M. Chabas, de l'inscription du bas-relief au-dessous du pyramidion :

« Ramsès II, agenouillé. offre deux vases de vin à Amnon-Râ
« assis sur son trône. Petit cartouche du fond : Le maître des
« deux mondes (soleil abondant de vérité), seigneur des diadèmes
« (le chéri d'Amnon-Ramsès).

« Le dieu dit au roi : « Je te donne la vie, la stabilité, le bon-
« heur parfaits. »

Maintenant, sur les douze inscriptions verticales, voici,
toujours du même côté, la première de la *colonne de gauche*.

« L'Horus-Soleil le plus fort (des forts) qui combat avec son
« glaive, le roi aux grands rugissements, le maître de la terreur,
« dont la valeur frappe la terre entière, le roi de la haute et de
« la basse Egypte (Soleil abondant de vérité, approuvé par le
« Soleil, fils du Soleil le chéri d'Amnon-Ramsès). Celui dont la
« domination est deux fois chérie comme celle du dieu qui habite
« Thèbes, le roi de la haute et de la basse Égypte (Soleil abon-
« dant de vérité approuvé par le Soleil), fils du Soleil (le chéri
« d'Amnon-Ramsès). »

« Vivificateur. »

Le sens, sinon la forme, des autres inscriptions est à peu
près le même et, comme on le voit, Ramsès et Sésostris ne
se ménagent pas les compliments.

Nous faisons peut-être mieux aujourd'hui comme publicité, mais nous n'allons plus aussi loin comme réclame.

Pouvions-nous donner meilleur exemple ?...

∴

Des Égyptiens nous sommes amenés naturellement à
nous occuper de leurs hôtes forcés, les fils d'Israël.

Chez les Hébreux, les grandes épopées se trouvaient aussi
retracées sur les rochers et sur les murailles des temples.
Deux curieux monuments de cette antique publicité sont
parvenus jusqu'à nous : la « stèle de Mesa » et « l'inscrip-

tion commémorative du percement du *canal de Siloé* ». dont la découverte est récente.

Cette inscription. suivant Renan, date du temps d'Ezéchias; suivant M. Neubauer, elle est beaucoup plus ancienne et remonte au temps d'Achaz. Mais c'est déjà une publicité beaucoup plus populaire.

Le roi Mesa parle de lui évidemment. de ses conquêtes, des villes qu'il a prises et des ennemis qu'il a tués ; mais il laisse une petite part à ses collaborateurs : ingénieurs. maçons. mineurs et soldats.

C'est toujours l'affiche royale, mais on y sent déjà quelques tendances industrielles. La publicité hébraïque a déjà les allures plus libres: c'est le commencement de l'annonce...

CHAPITRE III

E peuple grec. beau parleur, dont les philosophes en appelaient sans cesse aux foules. fut un des premiers à connaître les avantages de la publicité.

Les inscriptions grecques en ce genre sont nombreuses et ont été admirablement étudiées et surtout résumées par M. Philippe Berger.

Nous les trouvons tout d'abord réunies dans le *Corpus inscriptionum Græcarum* de Bœckh. dans le *Corpus inscriptionum Atticarum* et les *Inscriptiones Græcæ et Italicæ* éditées à Berlin dans le *Voyage archéologique en Grèce et en Asie Mineure* par Ph. Le Bas, etc. Les plus anciens monuments de ce genre sont la *loi de Gortyne*, inscription monumentale en boustrophédon. de très peu postérieure à la loi de Solon, dont les premiers fragments furent découverts en 1863 par M. l'abbé Thénon, membre de l'école d'Athènes. et publiés par M. Bréal dans la *Revue archéologique* du mois de décembre 1878.

Ce fragment est conservé au Musée du Louvre.

Puis encore et surtout le traité des Éléens avec les Arcadiens d'Héra, véritable œuvre de publicité affichée chez les participants qui fut trouvée à Olympie et que Bœckh place vers le cinquantième olympiade.

Nous ne pouvons résister au désir de reproduire *in extenso* ce traité, une des publications les plus curieuses que nous offre l'antiquité grecque :

TRAITÉ DES ÉLÉENS

Ἀ Ϝράρα τοις Ϝαλεοις καὶ τοῖς Εργαιοις. Συναχρια κ'ἔα εκατον Ϝετεα· ἄρχοι δε κα τοι, αι δε τι δέοι, χιτε Ϝέπος αιτε Ϝ. χργον, συνεαν, κ'αλαλοις τα τ'αλλ'και πόλεμο· αι δε μα συνεαν, ταλατον κ'αργυρο χποτινοιαν, τοι Δι Ολυμπιοι τοι χαδαλεμενοι λατρειο-μενον· χιδε τις τὰ γραφεα ταi χαδαλεοιτο, χιτε Ϝετας, χιτε ελεοτα, χιτε δαμος, εν τ'επιαροι κ'ενεχ'οιτο τοι νεχυτ'ἐργαμενοι.

Voici la traduction :

« Traité des Eléens avec les Héréens. Qu'il y ait alliance pour
« cent ans. Qu'elle commence dès l'année présente. S'il est
« besoin de quelques secours, en paroles ou en actes, qu'ils
« soient liés les uns aux autres, pour le reste comme pour la
« guerre. S'ils rompent l'alliance, qu'ils paient un talent d'argent
« à servir à Jupiter Olympien qui a été violé. Quiconque détério-
« rera cette inscription, que ce soit un associé ou un magistrat,
« ou un devin, qu'il soit tenu à l'amende sacrée inscrite ci-des-
« sus. »

Voici un bon et solide traité, livré à la publicité grecque, qui nous prouve que la Triple alliance actuelle n'a rien inventé et que les peines édictées contre les farceurs qui détériorent les monuments publics et les inscriptions y apposées ne datent pas d'aujourd'hui.

Si des anciens Grecs nous passons aux Romains, nous trouvons sur la vieille terre italique de nombreuses inscriptions qui nous prouvent surabondamment que la publicité était fort cultivée.

Pour citer, nous n'avons que l'embarras du choix : c'est *l'Inscription de Duénos*, le *Décret de Paul-Émile* accordant aux esclaves des Hastenses, qui habitaient le bourg de Lacusta, la liberté et la propriété de leur ville ainsi que des terres qu'ils occupaient...

Mais la véritable publicité se trouvait en Italie sur les murs des places publiques et à Rome tout autour du Forum.

A ce vieux Forum où s'élevaient les basiliques les plus célèbres, les temples les plus vénérés, les colonnes et les statues érigées en l'honneur des grands hommes qui, jusqu'aux extrémités du monde, avaient fait redouter le nom romain.

En ce Forum dont les rostres, les murs, les colonnes étaient couverts d'inscriptions en l'honneur des généraux et des tribuns et recouverts de réclames commerciales pour les bouchers, les marchands ambulants, les changeurs et tous les *Nummularii de basilica Julia...*

Grâce aux savants travaux de M. Gaston Boissier, nous connaissons dans les moindres détails la publicité et surtout la publicité politique chez les Romains : l'éminent académicien, dans son volume *l'Opposition sous les Césars*, nous a tracé un tableau complet de cette industrie.

Il nous prouve qu'en ce genre nous n'avons rien inventé et que les affiches électorales affichées sur les murs de Paris au xix⁰ siècle pour le renouvellement des Chambres ou du Conseil municipal diffèrent bien peu des affiches romaines que les murs de Rome et de Pompéi offraient il y a quelque mille ans aux regards frondeurs des citoyens latins.

Aussi. nous dit-il, au temps de Domitien. le peuple des municipes choisissait ceux qu'il voulait pour le gouverner. Ces scènes de comices et d'assemblées populaires. qui n'étaient plus à Rome qu'un souvenir lointain, redevenaient une réalité vivante à quelques lieues de ses murailles.

C'était donc quelque chose d'être le magistrat même d'une bourgade ignorée, puisqu'on était nommé par les suffrages libres de ceux qui l'habitaient. Les poètes avaient bien tort de parler avec tant de dédain des pauvres préteurs de Fundi ou des édiles déguenillés d'Ulubres, — comme nous le lisons dans les satires d'Horace et de Juvénal. — Il y avait après tout plus d'honneur à être l'élu de ses concitoyens, même à Ulubres et à Fundi. qu'à mériter le choix de l'empereur. quand l'empereur s'appelait Tibère ou Néron. Voilà pourquoi les magistratures des municipes étaient si disputées. Les ambitions y étaient ardentes, et les luttes acharnées. Les Romains qui voulaient rire appelaient ces scènes d'élection des tempêtes dans un verre d'eau — ô Scribe — *fluctus in simpulo.* C'étaient en vérité des tempêtes. La brique s'en mêlait quelquefois. et les partis étaient si animés que, faute de pouvoir s'entendre, on était réduit à demander à l'empereur ce magistrat qu'on ne pouvait nommer soi-même. Il est resté à Pompéi des traces très curieuses de ces fièvres d'élection. — La publicité y règne en grande maîtresse. — Comme on n'avait pas alors de journaux quotidiens et rapides pour prôner les candidats qu'on préférait ou pour attaquer ceux qu'on n'aimait pas. chacun écrivait naïvement ses préférences ou ses antipathies sur les murailles. C'était un usage si général qu'en certains pays les propriétaires défendaient la blancheur de leurs maisons contre cet envahissement d'affiches électorales.

« Je prie, disaient-ils. qu'on n'écrive rien ici. — Malheur au candidat dont le nom sera écrit sur ce mur ! Puisse-t-il ne pas réussir ! »

Il est probable que les propriétaires de Pompéi étaient plus accommodants, car on a retrouvé un très grand nombre de ces affiches sur leurs maisons et l'on en découvre tous les jours de nouvelles tant électorales que commerciales: nous donnons de ces dernières un curieux spécimen (fig. 5).

Il y avait pourtant aussi à Pompéi des gens que cette manie d'écrire sur les murailles impatientait : l'un deux a exprimé son mécontentement par ces deux vers :

Admiror, o paries, te non cecidisse ruinis.
Qui tot scriptorum tædia sustineas.

La formule de cette publicité n'est pas très variée : c'est toujours une corporation ou un particulier qui recommande son protégé aux suffrages des électeurs. Tantôt ils présen-tent humblement leur requête : « Je vous prie de nommer édile A. Vettius Firmus ; Félix le souhaite. Les marchands

Fig. 5. — Album de Pompéi. — Tiré de Mazois, *Ruines de Pompéi*
IIIᵉ Partie, pl. XVIV.

de fruits désirent avoir Holconius Priscus pour duumvir. » Tantôt ils ont l'air décidé de gens qui se croient importants et qui pensent que leur exemple en entraînera beaucoup d'autres. « Firmus vote pour Marcus Holconius. Les pécheurs nomment Popidius Rufus ».

Ils n'oublient pas de mentionner les vertus de celui qu'ils proposent. Ils affirment toujours qu'il est distingué. intègre, digne des fonctions qu'il demande, né pour le bien de la république. etc. Voyez les affiches posées hier encore sur les murs de Paris et dites-moi si toutes ces professions électorales ne sont pas semblables.

« Nous appelons. dit Senèque. tous les candidats d'honnêtes gens. » C'était une habitude. et ces éloges intéressés ne trompaient personne. A Pompéi. tout le monde a ses préférences et les indique. Il y a le candidat des pâtissiers. des cuisiniers. des jardiniers. des marchands de salaison. des laboureurs. des muletiers, des foulons et. ce qui est plus surprenant. des joueurs de balle et des gladiateurs. Il y a aussi celui des maîtres d'école. que leur profession ne met pas toujours à l'abri des solécismes et des fautes d'orthographe.

Il y a enfin celui des femmes qui se joignent à leurs maris et à leurs enfants. ou qui même osent toutes seules indiquer le magistrat qu'elles préfèrent et quelquefois d'un ton très résolu : — *Hilario cum sua rogat. — Lema cum pueris cupit. — Fortuna cupit. — Animula fecit.* etc.

Évidemment, les femmes ne votaient pas à Pompéi. non plus que les gladiateurs ; elles n'en avaient pas moins leur candidat préféré, et elles s'arrogeaient le droit de le recommander aux électeurs réguliers.

Du reste. M. Heuzen pense que ces réclames électorales provenaient moins du vœu spontané des citoyens que des candidats eux-mêmes — comme aujourd'hui — qui voulaient réchauffer de cette façon le zèle des électeurs. On a cru reconnaître. à la façon dont ces affiches sont écrites, qu'elles étaient toutes sorties de la même main.

Sans doute il y avait des calligraphes électoraux qui. le moment venu, se mettaient au service de tous les candidats.

Ces calligraphes ont été avantageusement remplacés de nos jours par les imprimeurs. ce qui n'a pas peu contribué à augmenter le nombre des affiches électorales et à multiplier le nombre. la variété et la richesse de ces affiches commerciales qui couvrent les murs de nos grandes villes et fixent l'œil du passant d'aujourd'hui, du client de demain.

Telle a donc été la publicité antique.

Nous avons recherché et retrouvé ses traces multiples sur tous les monuments de l'antiquité.

En citant. avec preuves à l'appui, les documents les plus connus et les plus officiels, nous croyons avoir prouvé qu'elle a toujours existé et qu'au temps jadis ceux qui seuls en avaient le maniement ne craignaient pas d'en user, voire d'en abuser, tout aussi généreusement que de nos jours.

Des puissants de la terre la publicité est devenue l'apanage de tous.

Cette antique et première étape parcourue. nous allons suivre les développements successifs de la Publicité. surtout en France. et montrer par quelles voies elle a passé pour arriver au développement inusité qu'elle a pris à l'époque actuelle.

DEUXIÈME PARTIE

CHAPITRE PREMIER

LES GAULOIS

Pour passer de la publicité antique à la publicité en France. il y a un saut énorme.

Il nous faudra. pour arriver là. parler encore à plusieurs reprises des Latins. car notre publicité. comme notre code. est de source évidemment romaine.

Mais. avant rendre à César ce qui appartient à César. nous ferons une excursion. forcément très brève, chez les Gaulois. nos ancêtres.

Ces peuplades guerrières connaissaient peu la publicité et ne s'en servaient guère; pour elles, tout se rapportait à la guerre. et hors la guerre nous ne trouvons rien à glaner.

Donc toute la publicité de la vieille Gaule peut se résumer en feux et cris de guerre.

Feux de guerre qui, allumés sur les sommets des montagnes. annonçaient l'approche de l'envahisseur. la force et la direction de ses bataillons.

Feux de guerre demandant du secours et conviant les brenns au combat contre César et ses légions.

A côté de ces bûchers de publicité guerrière, il y avait encore chez nos aïeux des guettes. en latin *speculæ*, destinées à donner l'alarme. Ces vigies. disposées aux différents étages des montagnes, surveillaient les gorges et les passages :

Quant au cri de guerre, *bellicus clamor*, et au cri d'armes, *proclamatio armorum*. c'étaient de vieilles coutumes gau- loises. Le premier cri était poussé par les guerriers au moment de l'action. le second était la publication du ban de guerre.

Tacite avoue que le cri de guerre des Gaulois faisait tres- saillir les Romains les plus courageux. Ce cri. qui dégénérait souvent en une sorte de cantique appelé le *Bardit*. était une mélopée où chaque guerrier vantait la gloire de ses ancêtres et publiait ses hauts faits. exaltant ainsi son courage en rap- pelant les grands coups frappés par les siens pour qu'on les comparât à ceux qu'il allait donner.

Il ne faut pas. pour notre sujet. chercher autre chose chez les Gaulois. et, comme nous le disions plus haut. c'est la publicité chez les Romains de la décadence qui nous con- duira naturellement aux débuts et tâtonnements de la publi- cité en France dès les premiers siècles du christianisme.

Chez les Grecs et chez les Romains de la décadence. la publicité prit des formes diverses, dont la naissance et le développement sont intéressants à signaler.

Il y eut tout d'abord les crieurs publics qui, à Athènes comme à Rome, étaient chargés de nombreux emplois.

Ils annonçaient les élections, et. véritables affiches vi-
vantes proclamaient les résultats et remerciaient les électeurs
au nom de leurs clients.

A Rome. notamment, le crieur public annonçait à son de
trompe les ventes aux enchères. convoquait les citadins
aux jeux du cirque et aux scènes théâtrales. annonçait les
réunions comme il réclamait les objets perdus.

Personnage universel et utile que nous retrouverons avec
toutes ses prérogatives chez les Français du moyen âge.

Peu à peu le crieur public fit place à l'affiche. et la Grèce
a conservé de curieux exemples de cette publicité ancienne.

Les Athéniens. en effet. nous apprend Denisart. inscri-
vaient sur des colonnes, sur des tables de pierre. d'airain, de
plâtre ou de cire les actes publics qu'ils voulaieut faire connaître. c'est-à-dire les lois qu'ils promulguaient, les avis
aux citoyens. les noms de ceux dont on discutait les biens.
la qualité de ces biens et les offres des acheteurs. Ils expo-
saient ces colonnes et ces tables dans un lieu public et éminent. Dans leur *Dictionnaire des antiquités grecques et
romaines*, Daremberg et Saglio nous apprennent que lorsque
les Athéniens reconstituèrent, après la bataille de Salamine,
le texte original des lois de Solon qui avaient péri dans
l'incendie de la ville par les Perses ; il les inscrivirent sur
des tables de bois recouvertes de peinture blanche. Ces
tables étaient dressées verticalement et rapprochées par
leurs bords de façon à se joindre et à former un parallélo-
gramme pivotant sur un axe central ; de sorte que le lecteur
pouvait sans changer de place prendre connaissance des

textes inscrits sur les quatre faces de ces monuments, auxquels ils donnaient le nom d'*axones*.

M. E. Caillemer, l'auteur de l'article, entre à ce propos dans une discussion intéressante en prenant parti sur plusieurs controverses qui divisent les savants. Ainsi il ne fait pas de distinction entre les *axones* et les *kurbeis*. L'opinion commune, fondée sur le témoignage d'un grand nombre de rhéteurs. est pourtant qu'il fait bon se garder de présenter ces deux mots comme synonymes. Pour la plupart des philologues, les *kurbeis* se composaient de trois tables, les *axones* de quatre. Les *kurbeis* portaient seulement les lois relatives au droit sacré et au droit public : toutes les autres lois étaient inscrites sur les *axones*.

Axones ou *kurbeis*, tables prismatiques ou quadrangulaires, telle était le fond de la publicité grecque au vieux temps.

Solon écrivait-il ses lois sur des *kurbeis*, et Démosthènes retraçait-il ses discours sur des *axones* ? Peu nous importe. Pour nous, nous ne voyons pas plus de différence entre l'*axone* in-4° et le *kurbeis* in-folio que nous n'en voyons aujourd'hui entre l'affiche jésus ou le placard raisin.

Ces deux mots désignaient une seule et même chose ; le premier était plus ancien et plus correct, le second plus explicite.

CHAPITRE II

u reste, Dalloz aîné, dans son *Répertoire de doctrine et de Jurisprudence*, nous fait, en quelques lignes aussi concises qu'instructives, l'historique de l'affiche de publicité chez les Juifs, les Grecs et chez les Romains.

De tout temps, nous dit-il, on a dû sentir le besoin de porter à la connaissance des citoyens les lois, les actes de l'autorité auxquels ils devaient obéir, les choses qu'il leur importait de connaître ou auxquelles il était intéressant de donner de la publicité. Dans ce but, on grava sur des tables de pierre, de bois ou de métal, que l'on exposait aux regards de tous, les lois et les actes pour en instruire le peuple. Appliqué à la publication des lois, cet usage remonte à la plus haute antiquité : on en retrouve la trace dans les Écritures saintes. On lit en effet dans l'*Exode* (ch. XXIV, v. 13) : « Or le Seigneur dit à Moïse : Montez au haut de la montagne où je suis, et vous y demeurerez ; je vous donnerai des tables de pierre et la loi et les commandements que j'ai écrits dessus afin que vous en instruisiez votre peuple. »

Ce n'est pas tout; l'usage d'un mode de publication équivalant à l'affiche est encore établi par le *Deutéronome* : « Voici, est-il dit, les préceptes, les cérémonies et les ordonnances que le Seigneur, votre Dieu, m'a commandé de vous enseigner, afin que vous les observiez dans la terre dont vous allez vous mettre en possession ; ces commandements que je vous donne aujourd'hui seront gravés dans votre cœur. Vous en instruirez vos enfants, vous les écrirez sur le seuil et sur les poteaux de la porte de votre maison. »

A ces affiches juives et aux juifs les Grecs avaient emprunté, nous l'avons dit plus haut, leur manière de faire pour publier leurs différents actes ; c'est ainsi que, par des affiches, les Athéniens rivaux des Corinthiens cherchaient à amener les étrangers sur leurs marchés, se moquant de la gravité spartiate qui dédaignait ce genre d'action.

Vous me direz que les marchés de Sparte devaient être peu fréquentés par les Barbares et que le brouet n'était pas un mets d'exportation.

Nous avons déjà eu l'occasion de citer quelques affiches électorales trouvées à Pompéi ; mais il ne faudrait pas croire que l'affichage romain se bornait à citer les vertus de tel ou tel candidat aux fonctions publiques ; nous pouvons sous ce rapport prendre les choses de plus loin et montrer que la publicité romaine, officielle ou commerciale, ne laissait pas d'être florissante sur les bords du Tibre jaune.

En effet, les Romains, dans les premiers temps de la République, faisaient exposer sur la place publique la loi que le consul avait méditée et qu'il avait ensuite communiquée au

Fig. 6. — Affiche théâtrale à Rome.

L'Affichage dans l'Antiquité — Tiré des *Pitture* d'Ercolans (t. III, pl. 43.)

Sénat: ils y faisaient également exposer des programmes pour annoncer les ventes ou les représentations théâtrales (fig. 6). La loi était aussi offerte à l'examen et à l'étude de ceux qui avaient droit de suffrage dans les comices. afin que le jour de l'assemblée ils pussent l'admettre ou la rejeter en connaissance de cause. Puis. la loi étant admise. on la gravait sur des tables d'airain. et la promulgation en était effectuée au moyen de l'affiche. Cet usage se perpétua et fut constamment suivi par les préteurs. qui au commencement de leur magistrature publiaient et faisaient exposer un édit concernant la formule ou le mode suivant lequel ils rendraient pendant l'année la justice sur les affaires de leur ressort. C'est cette affiche du préteur que l'on nommait *album prætoris*. D'ailleurs. pour assurer le maintien de leurs affiches. les Romains avaient défendu sous des peines fort sévères de les enlever ou les déchirer, et c'est en ceci. nous le disons encore. que le principe de la législation actuelle se rapporte à leur législation.

Nous lisons en effet dans un des chapitres : *De lege cornelia in falsis : « Hodie qui edicta proposita dolo malo corrumpunt falsi pœna plectuntur. »*

Puis encore dans les *Sententiæ Pauli : Et qui album raserit. corruperit. sustulerit quidve aliud propositum edicendi causa, turbaverit extra ordinem punietur. »*

C'est la répétition de la petite affiche gravée sur plaque d'émail :

RÉPUBLIQUE FRANÇAISE

———

DIRECTION DES TRAVAUX PUBLICS

———

PONTS-ET-CHAUSSÉES

Code pénal. — Art. 257.

« *Sera puni d'un mois à deux ans de prison et de 100 à*
« *500 francs d'amende quiconque aura détruit, mutilé ou*
« *dégradé des monuments d'utilité publique, etc.* »

Jadis, en effet, les Romains, c'est-à-dire les hommes libres,
étaient condamnés à une amende de cinq cents pièces d'or,
ou punis à l'arbitrage du juge, s'ils étaient hors d'état de
payer l'amende. Lorsque le délit était commis par un esclave,
ce dernier était puni d'une peine corporelle à la demande
du préteur, auquel le maître était tenu d'abandonner l'esclave.

———

CHAPITRE III

NOUS avons suffisamment expliqué quelles étaient les affiches chez les Grecs et chez les Romains. Après avoir parlé de cette « publicité ouverte », il nous reste à étudier la « publicité fermée », c'est-à-dire les journaux.

Car les journaux ont existé chez les descendants de Romulus, et il y avait des kiosques au forum.

Et, en effet, ce n'est plus une question de savoir si du temps de l'Empire les actes diurnaux ou journaux se répandaient dans toute l'étendue de la domination romaine ; il suffit, pour s'en convaincre, d'ouvrir Pline l'Ancien, Suétone et Tacite.

Pline y avait lu, au 3 des ides d'avril de l'an 748 de Rome, c'est-à-dire à la vingt-septième année du gouvernement d'Auguste, qu'un certain Crispinus Hilarus de Fésules était venu sacrifier au temple de Jupiter Capitolin avec ses neuf enfants, vingt-sept petits-fils, vingt-neuf arrière-petits-fils, huit petites-filles. Il y avait lu, et il répète, sans indiquer la date, qui est certainement de l'époque impériale, que Félix, cocher de la faction rouge, ayant été mis sur le bûcher, un de ses partisans se jeta dans les flammes et que la faction opposée. afin d'atténuer ce qu'il y avait de trop glorieux pour sa rivale. déclara qu'il avait été enivré par les parfums de la pompe funèbre.

Il dit ailleurs que de son temps (c'était dans son enfance, sous Tibère) les actes du peuple romain avaient raconté que, lorsque Titius Sabinus fut condamné à mort avec ses esclaves. le chien de l'un de ceux-ci le suivit à la prison,, aux gémonies, et jusque dans le Tibre. où il s'efforça de soutenir sur l'eau le corps de son maître.

Il paraît que les journaux du peuple romain. comme aujourd'hui du reste, ne s'accordaient pas toujours. car Dion, qui les avait souvent consultés. raconte tout cela du chien de Sabinus lui-même. Pline convient aussi que les actes pouvaient mentir et qu'il est permis de douter, malgré leur témoignage. que, en l'an 800. sous la censure de Claude, le Phénix fût venu annoncer dans Rome le nouveau siècle.

Suétone. qui cite les actes du Sénat pour le don que Letorius fit à l'État du lieu où Auguste était né, pour quelques accusés que dénonçait Tibère et que le Sénat ne craignit pas d'absoudre, allègue les actes du peuple pour les trois lettres inventées par Claude et qui, oubliées après lui, se retrouvaient dans les journaux de son temps...

Tacite surtout, moins par le penchant de son esprit que par le besoin d'approfondir les annales des Césars. paraît avoir soigneusement compulsé ces recueils familiers de matériaux historiques ; il y aurait trouvé des documents sur les funérailles de Germanicus, sur l'amphithéâtre construit en bois par Néron dans le Champ-de-Mars, et il nous apprend avec quelle avidité les *actes diurnaux* étaient lus dans les provinces, dans les armées, lorsqu'il nous montre l'accusateur de Thraséa lui imputant à crime et l'absence de son nom dans tous les honneurs décernés à Néron par le Sénat et la curiosité maligne de ceux qui cherchent en vain ce nom dans les journaux du peuple romain.

Pétrone nous apprend en effet que plusieurs des sujets de Néron se faisaient lire les journaux pendant leurs repas, et Juvénal nous raconte que les femmes se gaudissaient à la lecture des faits divers :

Cupient et in acta referri.

et mieux encore :

Longi relegit transversa diurni.

Un texte de Senèque est plus explicite encore : « Je ne fais point, dit-il, enregistrer mes bienfaits dans les actes *Beneficium in acta non mitto).* » Enfin nous voyons que sous Trajan, les acclamations du Sénat en l'honneur du prince sont transcrites tout au long dans les actes publics par ordre du Sénat même : *In publica acta,* dit Pline le Jeune.

Ce même Pline, qui demande qu'on lui envoie une copie des actes de Rome, rappelle à Tacite, dont il veut faire l'historien de sa gloire, que les actes publics ont parlé de sa conduite dans la cause de la Bétique contre Massa Bébius.

Plus tard. les anciens journaux des premiers temps de l'Empire n'étaient pas encore oubliés. Dion Cassius raconte, certainement d'après ses propres recherches, que l'orgueil de Livie lui avait suggéré l'idée de faire insérer dans les mémoires publics le nom de tous les sénateurs et des hommes mêmes du peuple qui avaient été admis le matin à l'honneur de la saluer. C'est ce qu'il raconte ensuite d'Agrippine, mère de Néron.

Ces publications, aisément constatées dès les premiers Césars. se retrouvent après les Antonins. Si Vulcatius Gallicanus put en extraire les acclamations du Sénat en l'honneur de la clémence de Marc-Aurèle, Lampride atteste, sur l'autorité de Marius Maximus. que c'était pour Commode un plaisir insolent de faire raconter par le *Journal de Rome* toutes ses cruautés et toutes ses infamies. C'est encore d'après ce journal qu'ont été transcrites les acclamations du Sénat pour Alexandre Sévère ; celles qui saluent l'avènement des Gordiens, de Maxime et Balbin, de Claude II, de Tacite. de Probus : celles qui précèdent et sanctionnent l'an 438 de notre ère, la promulgation du code théodosien ; acclamations que l'on publiait aussi dans les actes depuis Trajan, et que les chrétiens imitèrent, dans l'exaltation des papes et l'ordination des évêques, dans les formules des litanies, dans les vœux et les anathèmes des conciles.

C'est ainsi que Vospicus déclare. au début de sa *Vie de Probus*. que ses écrits historiques sont en partie composés sur les journaux du Sénat et du Peuple.

Aucune discussion ne saurait donc s'élever sur l'existence des journaux publics au temps de l'Empire romain et même depuis le premier consulat de César, l'an de Rome 694, date qui semble indiquée pour la naissance de ce genre d'écrits par un passage assez ambigu de Suétone :

Inito honore, primus omnium instituit ut tam senatûs quam populi diurna acta conficerentur et publicarentur. « Devenu « consul, il introduisit le premier l'usage de rédiger et de « publier les actes du Sénat aussi bien que du peuple. »

Ces feuilles publiques de l'ancienne Rome publiaient, comme de nos jours. les annonces des mariages, des funérailles, l'état de la récolte, les incendies, les édits, les procès. les condamnations. les supplices, etc. : un journal complet avec toutes les rubriques que nous répétons aujourd'hui.

Mais, sans insister en de plus longs commentaires, nous nous bornerons, en terminant cette étude sur les journaux romains, à exhumer les restes authentiques des plus anciennes feuilles de publicité. Nous disons authentiques, car le nombre des copies plus ou moins vraies des anciens journaux romains est considérable, et il nous faudrait rappeler une guerre de textes qui divisa tous les savants du xviie siècle et du xviiie siècle : André Schott. Pighius, Louis Vivès, Locke Dodwell, etc., etc.

Citons donc, et pour commencer laissons la parole à Pétrone, qui nous donne un exemple de la lecture d'un journal lorsque l'intendant de *Trimaclion* interrompt les extravagances de son maître pour lui lire ses registres. assez semblables, dit l'auteur lui-même, aux actes de la ville, *tanquam urbis acta*, ressemblance instructive qui excusera notre citation :

« Le 7 des calendes de sextilis. Dans la terre de Cùmes, pro-
« priété de Trimalcion, il est né trente garçons et quarante filles.
« On a porté de l'aire au grenier cinq cent mille boisseaux de
« blé ; on a dompté cinq cents bœufs. Le même jour, l'esclave
« Mithridate a été mis en croix pour avoir mal parlé du génie de
« notre Caius. Le même jour, encaissement de ce qui n'a pu être
« placé, cent mille sesterces. Le même jour, incendie dans les jar-
« dins de Pompéi : le feu a commencé par la demeure du fermier
« Nasta — « Qu'est-ce ? dit Trimalcion : depuis quand a-t-on acheté
« pour moi les jardins de Pompéi ? — L'année dernière, reprend
« l'intendant, et c'est ce qui fait que le compte n'en a pas encore
« été rendu. » — Trimalcion irrité s'écrie : « Si je ne sais pas dans
« les six mois les terres que j'ai achetées, je défends qu'elles
« soient mises à mon compte. » — On lit ensuite les ordonnances
« des édiles, les testaments où les gardes champêtres disent
« pourquoi ils n'ont rien légué à Trimalcion, les dettes des fer-
« miers, l'aventure d'une affranchie surprise chez le baigneur et
« répudiée par le surveillant, la relégation du valet de chambre à
« Baïes, la mise en accusation de l'astronome et son jugement
« par les gens de maison. »

Voici du reste le commencement du texte de Pétrone, chapitre LIII, à titre d'édification :

« VII Kal. sextiles. In prœdio Cumano, quod est Trimalchionis,
« nati sunt pueri XXX, puellæ XL, sublata in horreum ex area
« tritici millia modium quingenta, boves domiti quingenti. Eodem
« die Mithridates servus in crucem actus e_t, quia Gaü nostri genio
« maledixerat, etc. »

CHAPITRE IV

LES VRAIS ET FAUX JOURNAUX ROMAINS

 côté de cette plaisanterie épigrammatique de Pétrone, qui est restée célèbre et qui nous donne bien une imitation des journaux de son époque avec les actes de la ville, les naissances, les mariages et les funérailles, les incendies, etc., etc., nous croyons ne pouvoir finir sans signaler d'après l'excellent ouvrage de M. V. Le Clerc *les Journaux chez les Romains*, quelques exemples connus de *journaux vrais* et de *journaux faux*.

Journaux vrais, c'est-à-dire dont l'origine ne fait l'objet d'aucun doute ; journaux faux, c'est-à-dire des extraits fameux d'actes et de tablettes diurnaux qui se rapportent à l'an 585 et à l'an 691 de Rome.

Journaux dont l'authenticité a été depuis quatre siècles l'objet de querelles épiques dans le monde savant, querelles que nous n'avons pas à faire entrer dans ce cadre modeste.

Pour les *journaux vrais*, si nous voulons connaître la nature et la forme des actes diurnaux vers les dernières années du viie siècle de Rome, nous avons mieux que des conjectures : plusieurs textes authentiques nous ont été transmis par les scolies d'Asconius Pédianus, qui con-

sultait encore, sous Caius et Claude, le journal du temps de
César. Le plus ancien fragment conservé par Asconius qui,
dans ce que nous avons de ses notes, ne commence, il faut
bien l'avouer, à citer les actes que pour l'année d'après le
premier consultat de César, se rapporte aux troubles de
Rome pendant le tribunat de Clodius, en 695, et on y lit
quelques paroles d'un tribun son ennemi : « Pompée fut
assiégé chez lui, dit le scoliaste, par un affranchi de Clodius, Damion, comme je l'apprends par les actes de cette
année où, le 15 des calendes de septembre, L. Novius, tribun des peuples, collègue de Clodius, délibérant avec les
tribuns sur l'appel porté devant eux contre le préteur Flavius
par Damion, s'exprime ainsi : « Ce satellite de P. Clodius
m'a frappé et blessé : des hommes armés, des bandes apos-
tées, m'ont arraché à mes devoirs publics ; Ch. Pompée a été
assiégé chez lui. Puisqu'on en appelle à moi, je n'imiterai
pas celui que je blâme, je n'arrêterai pas le cours de la justice. » Et il parle de l'intercession.

Pour l'an 699, Asconius trouve dans les actes le jour où
Scaurus fut accusé, le lendemain des nones de quintilis.

Pour l'an 701, dont Pline avait dépouillé aussi les journaux, où il avait trouvé une pluie de briques, — *lateribus
coctis pluisse in ejus anni acta relatum est*, — Asconius y
recueille de très amples renseignements sur toute l'affaire
de Milon. Il en extrait la date précise de la mort de Clodius,
le 13 des calendes de février, opposant à l'autorité de l'historien Fruestrella celle des actes et du plaidoyer même ;
tous les détails qu'il donne ensuite de la rencontre près de

Bovilles, détails où il n'est pas toujours d'accord avec la narration du défenseur, le tableau qu'il trace des agitations populaires et des discours du Forum qui suivirent la catastrophe, remontent aussi probablement jusqu'à ces témoignages contemporains.

« Le jour de la mort de Clodius, dit-il plus loin, parlèrent devant le peuple, comme je le vois par les journaux, Salluste et Q. Pompée, tous deux ennemis particuliers de Milon, et tribuns assez turbulents. »

N'insistons pas davantage sur ces *journaux vrais* : les extraits précédents suffisent pour nous donner un aperçu de leur teneur ; et passons aux *journaux contestés*, nous contentant de citer quelques-unes des principales et plus brèves tablettes douteuses en conservant la forme de l'inscription et en ajoutant la traduction.

IV. K. APRILEIS.
FASCES. PENES. LICINVM.
FVLGVRAVIT. TONVIT. ET. QVERCVS TACTA.
IN. SVMMA. VELIA. PAVELVM. A. MERIDIE.
RIXA. AD. IANVM. INFIMVM. IN. CAVPONA. ET.
CAVPO. AD. VISVM. GALEATVM. GRAVITER.
SAVCIATVS.

« Le 4 des calendes d'avril.

« LES FAISCEAUX A LICINIUS

« Il a éclairé, il a tonné, et un chêne a été frappé au haut de
« Vélia, un peu après midi.
« Rixe dans une taverne au bas de la rue de Janus : le cabare-
« tier de l'*Ours casqué* a été grièvement blessé. »

A. D. V. KAL. SEPTEMB.
TESTAMENTVM. MELIONIS. ALLATVM. MYCENIS.
PRÆTOR. PEREGRINVS. RESCIDIT. Q. EXPRESSVM.
ERAT. AB. EO. TORMENTIS.

C. CÆSAR. IN. HISPANIAM. VLTERIOREM. EX. PRAC-
TVRA. PROFISCITVR. DIV. PRIVS. RETARDATVS. A. CRE-
DITORIBVS.

RIXA. AD. FORNICEM. FABL. ET CÆDES. GLADIATO-
RVM. DVORVM. EX. LVDO. CVRIONIS.

« Le 5 des calendes de septembre.

« Le testament de Mélion. apporté de Mycènes. a été cassé par
« le préteur des étrangers. attendu qu'il avait été arraché par la
torture.

« C. César. à l'issue de sa préture. part pour l'Espagne ulté-
« rieure. après avoir été longtemps retardé par ses créanciers.

« Rixe près de l'arc de Fabius et meurtre de deux gladiateurs
« de la troupe de Curion. »

A. D. III KAL. SEPT.
CENSORES. LOCAVERVNT. REFICIENDVM. TECTVM.
A I. LOQVENTIS H. S. XXV. Q. HORTENSIVS. SVB. VES-
PERVM. ORATIONEM. HABVIT. PRO. ROSTRIS. DE. CEN-
SVRA. ET. BELLO. ALLOBROGVM.

RELIQVIAE. CONJVRATORVM. CVM. L. SERGIS. TV-
MVLTANTVR. IN. HETRVRIA.

CAVPO. AD. TRES. TABERNAS. OCCISVS. A. THRACIBVS.
EBRIS. IN. VIA. PVBLICA.

« Le 4 des calendes de septembre.

« Les censeurs ont mis en entreprise la réparation du toit
« d'Aïus Loquens pour 25.000 sesterces.

« Q. Hortensius, vers le soir, a parlé au peuple de la censure
« et de la guerre des Allobroges.

« Les restes des complices de Catilina s'agitent en Etrurie.
« Un cabaretier des *Trois-Tavernes* est tué par des gladiateurs
« ivres sur la voie publique. »

GN. POMPEIO. MAG. II.
M. LICINO. CRASSO. II. COSS.
KAL. MAI.
COSS. IN. GALLIAM. PROFECTI. AD. C. CAESAREM.

« Pompée et Crassus.
« Consuls pour la seconde fois.
« Calendes de mai.
« Les consuls vont joindre dans la Gaule C. César. »

TROISIÈME PARTIE

CHAPITRE PREMIER

Dans la seconde partie de cet ouvrage. nous avons étudié la publicité chez les anciens. sous trois formes distinctes :

La publicité guerrière.

La publicité industrielle.

La publicité officielle.

Nous suivrons encore cet ordre dans cette partie nouvelle, en ce qui concerne la publicité du moyen âge.

Par moyen âge nous voulons parler ici de toute la publicité ayant eu cours depuis les temps anciens que nous avons décrits jusqu'au premier numéro de la *Gazette de France*, et en effet la prise de Constantinople n'a rien à faire avec nous.

Si jadis nous avons eu les cris de guerre et les feux des montagnards comme publicité guerrière. au moyen âge nous trouvons un véritable et spécial type de publicité des gens de guerre : *le Blason*.

Sous toutes ses faces et avec tous ses symptômes, le Blason n'a été qu'une véritable publicité.

Ergotez si vous voulez sur les merlettes et les fleurs de lys, les sables et les gueules : mais le blason tel qu'il a été inventé, tel qu'il a été porté par nos pères, n'a été qu'une superbe publicité guerrière, désignant par une sorte d'affiche les hauts faits de tel ou tel duc ou rappelant dans un cartel à sensation les mérites et les exploits d'un comte ou d'un croisé.

Il n'y a ici ni exagération ni thèse à surprises, nous parlons blason parce que nous parlons publicité. La publicité est une science. et le blason en est une autre, sœurs toutes deux : mais, de ces deux sciences, le blason est bien celle où il importe de s'entendre sur les mots car c'est une des sciences où (publicité à part) l'on s'entend le moins.

Des auteurs sérieux. de graves écrivains, des publicistes, en un mot, ne nous ont-ils pas donné les armoiries de Moïse. d'Énée ou de David ? A cela on sourit de pitié, et cependant rien de plus vrai, en réduisant la question aux proportions d'une querelle de mots.

Si en effet les auteurs qui ont traité de la science objet de ces recherches, et le nombre en est grand, avaient d'abord reconnu que les armoiries sont des emblèmes de publicité et les devises aussi, ils se seraient épargné bien des dissertations à perte de vue, et les opinions qui, au premier coup d'œil, semblent les plus contradictoires et les plus erronées paraîtraient aux yeux de tous pleines de raison et de vérité.

Publicitairement parlant (que l'on me pardonne ce néologisme). je vais essayer de le prouver. Cependant. l'histoire succincte du blason nous amènera doucement à conclure qu'il y a une certaine différence entre l'écu des sires de Coucy ou le blason des Montmorency et la marque de fabrique de la Revalescière du Barry ou le Squelette de *Géraudel*.

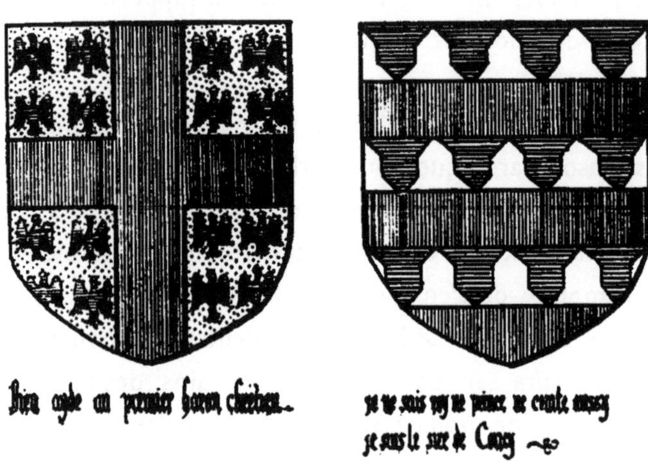

Fig. 7.   Fig. 8.

Nous donnons ci-contre la reproduction des deux blasons fameux que nous citons.

Tout d'abord l'écu de Montmorency (fig. 7) avec la devise : « Dieu ayde au premier baron chrétien. »

Ce blason portait primitivement une croix de gueules sur fond d'or.

En 977. Bouchard Ier ajouta quatre alérions en mémoire de quatre enseignes prises sur les Allemands.

Le nombre des alérions fut porté à seize en 1214 après

la bataille de Bouvines, en souvenir de douze enseignes enlevées aux envahisseurs de la France.

— Voilà de la vraie publicité guerrière.

Quant à l'écu des Coucy (fig. 8), il est moins compliqué : ce blason de l'une des plus grandes maisons féodales du nord de la France, qui brilla du xi⁰ au xiv⁰ siècle, est moins connu que sa fière devise : « Je ne suis roy, ne prince, ne comte aussy; je suis le sire de Coucy. »

— Publicité parlante, celle-là.

Nous faisons, bien entendu, la part de la guerre et du commerce, du pillage et de l'industrie.

Nous dirons tout d'abord que les armoiries ne sont pas aussi anciennes que l'affirment certains écrivains. Les armoiries proprement dites telles que nous les connaissons, soumises à des règles fixes et invariables, règles de couleurs, règles de forme, ne remontent pas au delà des croisades. Avant cette époque, on voyageait peu; les seigneurs abandonnaient rarement leurs fiefs, si ce n'est pour suivre le roi à la guerre, et les figures que dans ce dernier cas ils faisaient peindre sur leurs bannières, lorsqu'ils étaient assez considérables pour avoir le droit d'en porter, ces figures, prises au hasard, résultat d'une fantaisie, ne sauraient être regardées comme des armoiries sérieuses, mais bien plutôt comme des emblèmes primitifs, ébauches de publicité guerrière, que les seigneurs purent conserver dans la suite, mais qui ne dépendaient ni du nom ni du fief. Ces armoiries, qui n'avaient point été reçues des aïeux, n'étaient pas de toute nécessité transmissibles aux enfants.

Cependant certains auteurs savants ont avancé que ces armoiries étaient déjà connues depuis quelque temps lorsque commencèrent les croisades et que ce furent les tournois, joûtes et jeux chevaleresques qui les mirent en usage. Ils s'appuient à cet égard sur l'étymologie du mot blason, venu de l'allemand *blazen*, sonner du cor, parce que, disent-ils, avant que les preux entrâssent en lice, les hérauts qui se tenaient aux portes du champ clos, proclamaient à son de trompe les armes des tenants et des assaillants. Comme question de fait, ceci est sans réplique, mais les conclusions sont moins logiques, car rien ne prouve que les hérauts blasonnaient autre chose que les meubles de l'écu.

Ces meubles, emblèmes primitifs, existaient depuis long-temps et formaient en quelque sorte l'enfance de la publicité guerrière. En effet, le nom même des diverses couleurs et fourrures qui constituent le champ de l'écu et les distin-guent entre eux n'en indique-t-il pas l'origine ?

Les héraldistes sont d'accord pour reconnaître que les termes *gueules*, qui exprime la couleur rouge, *azur* qui indique la couleur bleue, viennent de ce qu'en persan et en arabe la rose rouge se nomme *gül*, d'où les peuples d'Asie ont fait le nom propre *Gulistan*, et le bleu, *lazurd*. Il en est de même de *sinople* (vert) qui vient de ce que la ville de Sinople en Asie Mineure portait des étendards de cette couleur, etc.

.*.

LES ARMOIRIES ET LES EMBLÈMES

LES armoiries au moyen âge n'étaient donc que des emblèmes. et les hérauts des organes de publicité. Il est de plus évident, qu'avant les expéditions de Terre sainte, les armes des chevaliers, que les hérauts criaient à son de trompe, n'étaient point des armes héréditaires. Chaque combattant tenait, durant le temps de la joûte. sa visière baissée, aussi bien pour éviter d'être blessé au visage que pour n'être point reconnu. Or on conçoit que, les hérauts commençant par crier les armes des seigneurs qui devaient garder l'incognito, ceux-ci auraient pu tout aussi bien faire crier leurs noms que des armes héréditaires. Nous ne voyons pas d'ailleurs que l'usage d'attacher au poteau, à l'entrée de la lice, les armes du poursuivant soit antérieur aux croisades.

Le *Code des tournois*. rédigé en 938 à Magdebourg par l'empereur Henri l'Oiseleur, ne fait aucune mention d'armoiries.

Mais. dira-t-on, pour tenir un pas d'armes, il fallait être noble et conséquemment avoir des armoiries.

Nous le répétons encore une fois, les armes ne sont pas inhérentes à la noblesse, tout au moins à cette époque où elles ne représentaient qu'une affiche fantaisiste, — ce que nous avons appelé la publicité guerrière, — elles n'étaient pas inhérentes à la noblesse et ne constituaient pas la noblesse, qui avait pour se vérifier beaucoup d'autres moyens que ceux du blason régulier. Enfin Ménestrier, savant et judicieux écrivain, dit en un endroit de sa *Méthode du blason* : « Bientôt ceux mêmes qui n'avaient pas été du voyage de Palestine se montrèrent jaloux de cette distinction. Chaque seigneur, chaque gentilhomme voulut avoir un emblème distinctif. On n'aurait pas osé se présenter à un pas d'armes si l'on n'eût montré sur son armure et sur le caparaçon de son cheval une devise en broderie. » Devise est mis ici pour armoirie ; chaque gentilhomme voulait déjà montrer à tous et *publier* la valeur de sa race et ses hauts faits.

Ce qui prouve cependant que, si les tournois ne donnèrent pas naissance aux armoiries régulières, ils contribuèrent, du moins, à en propager l'usage. L'auteur que je viens de citer est de cet avis ; il fait remarquer d'ailleurs qu'une grande partie des pièces qui meublent les écus tirent leur origine des tournois, comme les *pals* qui représentent les palissades placées autour de la lice pour en interdire l'entrée.

Convenons donc qu'avant 1095, époque où Philippe-Auguste entreprit la première croisade, les armoiries régulières n'étaient pas connues et que ces signes ou figures que les chevaliers portaient sur leurs écus n'étaient autre chose que des emblèmes de publicité. Je conviendrai alors volontiers que, sous ce point de vue, comme je l'ai expliqué dès le début de cet ouvrage, les emblèmes sont d'une haute antiquité.

Rome portait pour symbole un aigle ou un loup, Athènes

un hibou, la Gaule un coq ; et l'on vit des familles conserver héréditairement les marques adoptées par leurs chefs, mais sans y être tenues en aucune façon. L'histoire romaine nous en fournit trois exemples : les Corvini qui portaient un corbeau ; les Torquati, un collier ; les Cincinnati, une touffe de cheveux. Les villes mêmes de l'antiquité adoptèrent souvent des emblèmes de publicité parlante, comme en témoignent les monnaies de quelques cités qui sont parvenues jusqu'à nous.

Leontium portait un lion sur le revers de ses monnaies ; Clydes, une clef, etc.

Ces emblèmes distinctifs formaient en réalité le corps d'une devise, ils étaient presque toujours accompagnés de quelques mots qui en composaient ainsi l'âme et en complétaient le sens. Aussi Xénophon et un grand nombre d'auteurs grecs nous ont-ils conservé les devises de Cyrus, de Darius, de Cambyse, etc.

Vieille publicité royale et guerrière sur laquelle nous nous sommes suffisamment expliqués aux premiers chapitres de cette histoire et qui forme l'un des premiers anneaux de cette chaîne que nous allongeons petit à petit à travers les âges.

CHAPITRE II

ETTE étude succincte du blason, des hérauts et des armoiries a clos nos aperçus sur la publicité guerrière; nous passerons maintenant à la publicité industrielle au moyen âge en prenant comme type *les cris et crieurs publics*; car à cette époque les *affiches* formaient la publicité officielle réservée aux rois et aux grands de la terre.

Aux temps anciens le commerce était exercé par des marchands forains ou ambulants qui faisaient connaître leur présence dans les villes où ils passaient par le son d'un instrument quelconque alors en usage ou bien par la voix d'un crieur annonçant leur arrivée et les marchandises qu'ils avaient à vendre.

Notre confrère Emile Mermet, dans son ouvrage sur *la Presse*, nous apprend, d'après Hérodote. que c'est en Lybie que les premières boutiques furent ouvertes par des marchands en résidence fixe. Ils avaient alors des crieurs à leur porte pour attirer les acheteurs ainsi que cela se pratique encore aujourd'hui à Paris dans les bazars ou dans les ventes et liquidations installées provisoirement au rez-de-chaussée des maisons nouvellement bâties. A Rome, le crieur public était un personnage annonçant tout aussi bien les lois nouvelles que le prix des huîtres; le nom des gladiateurs vainqueurs que la liste des objets perdus.

D'après Antony Rich, le crieur romain avait pour principal emploi de précéder les convois funèbres, d'organiser les funérailles, de préparer le bûcher et de parcourir la ville pour inviter le peuple à se rendre à l'enterrement.

C'était en quelque sorte une lettre de faire part vivante.

De Rome l'usage des crieurs se répandit rapidement dans les Gaules et nous voyons qu'en France. au moyen âge, les crieurs étaient des officiers publics formant une corporation régie. comme les autres, par des statuts particuliers et ayant dans Paris deux maîtres, un pour chaque rive de la Seine !

Delamare, dans son volumineux *Traité de la Police,* savamment compulsé par Mermet, nous initie à tous les détails de ces marchands de publicité.

Les marchands, les bourgeois. avaient recours aux crieurs pour répandre par la ville les avis qu'ils voulaient communiquer au public, car le criage était, pour les commerçants, le seul moyen de publicité d'alors. Ainsi on criait au son des clochettes. de la trompette et du tambourin : les denrées. les décès. les invitations aux obsèques, les ordonnances de police et les objets perdus.

Le premier titre qui parle des crieurs est un édit de Philippe-Auguste de l'an 1220. D'après ce titre, il paraît que ce droit avait été tenu par un certain Simon de Poissy, que le roi en était en possession et le donna aux marchands de la hanse d'eau (*mercatoribus nostris hansatis aquæ*), avec pouvoir d'instituer ou de destituer les crieurs à volonté. Ces derniers étaient alors uniquement employés pour le commerce. Depuis ce premier titre, il se passa près de deux siècles pendant lesquels nos crieurs n'eurent d'autre office que de clamer les vins (*clamatores vini*).

Il en est fait mention sous cette rubrique dans les ordonnances de saint Louis de l'an 1268 et dans les arrêts du Parlement du mois de mars 1274.

Ce ne fut, en effet, que sous le règne de Charles VI. par une ordonnance du mois de février 1415, que l'on ajouta aux fonctions des jurez-crieurs de vins celles d'annoncer par cris les morts, à condition que chacun d'eux n'en crierait qu'un par jour, afin qu'ils pussent être employés chacun à leur tour. On leur attribua en même temps le droit de crier les jours des confréries, les enfants et animaux perdus ou égarés et jusqu'aux légumes et autres productions de la terre qui étaient à vendre, à l'exception du bois et du foin, toujours à condition qu'ils ne pourraient crier aucun enfant au-dessous de l'âge de huit ans sans permission de la justice.

C'est alors qu'ils commencèrent à être qualifiés jurés-crieurs de corps et de vins. Peu après, lesdits jurés-crieurs furent érigés en titre d'offices royaux au nombre de trente. par lettres patentes du mois de septembre 1641 ; ils furent augmentés de vingt au mois de janvier 1670 et incorporés aux anciens par déclaration du 20 février de la même année. Il y eut bientôt de semblables offices créés dans toutes les villes du royaume par différents édits.

Au XIII* et au XIV* siècles, presque tous les marchands criaient leurs marchandises par la ville et allaient les offrir de porte en porte, car bien peu d'entre eux étaient assez riches pour posséder des boutiques.

Au XVI* siècle, les cris diminuent, et les marchands commencent à s'établir chacun dans un quartier spécial.

Les crieurs disparaissent ; c'est la publicité murale et bientôt la publicité de la presse qui va les remplacer.

CHAPITRE III

I L est impossible, après avoir parlé des cris et des crieurs en France, de ne pas consacrer un chapitre spécial aux « cris de Paris ». Cent et cent ouvrages ont étudié ces cris du vieux Paris et des petits métiers de la rue ; mais, pour ne point rencontrer d'ornières, nous prendrons ici pour guide un auteur qui les a tous résumés en tirant de chacun d'eux la quintessence.

Sur ce sujet, rien n'est laissé à l'imagination : il faut citer des documents et des *cris*. Crions donc, en nous aidant de l'ouvrage original de M. Victor Fournel : *les Cris de Paris*. Il appartient tout d'abord établir que l'origine des cris de Paris se perd dans la nuit des temps.

Si haut que notre regard puisse plonger dans le passé, si loin en arrière que nous rencontrions un document sur les petites industries parisiennes, nous les trouvons déjà installées à leurs postes dans les rues et les carrefours et faisant retentir la ville de cette mélopée bruyante et bizarre qui s'est perpétuée jusqu'à nous en s'affaiblissant. Le *Livre des Mestiers* du prévôt Etienne Boileau nous les montre à l'œuvre sous le roi saint Louis : et, dès la fin du xiiie siècle, Guillaume de Villeneuve les chantait en son curieux petit poème des *Crieries de Paris*.

Le vieux Paris d'un bout à l'autre de son enceinte n'était qu'une symphonie de publicité incessante où se mariaient sur tous les tons les voix provocatrices des marchands ambulants.

Loin d'augmenter avec le temps, nous l'expliquerons dans les chapitres suivants, le nombre et la variété de ces cris de la rue ont beaucoup décru. Il est facile de le comprendre. Jadis, avant la découverte de l'imprimerie, avant l'invention des gazettes et des prospectus, les moyens de publicité étaient singulièrement restreints. Peu de gens savaient lire. A défaut d'annonces ou d'affiches, il fallait recourir à la voix humaine ; c'était le *Petit Journal* du peuple d'alors.

Car tout se criait par les rues, même les marchandises qui attendent aujourd'hui le chaland au fond d'une boutique et semblent les moins faites pour se débiter en plein air. Dans cette enfance de l'art, les industries les plus simples se décomposaient souvent en parties innombrables. Chacune avait son colporteur spécial, et celui-ci proclamait sa marchandise avec une assourdissante et interminable loquacité dont nous avons mille exemples sous les yeux. C'est toute la publicité du xve au xviie siècle.

Les premiers levés parmi ces industriels nomades ; ce sont les marchands d'eau-de-vie ; il n'est pas quatre heures du matin, et déjà leurs appels retentissent.

Dans son *Tracas de Paris en vers burlesques* (1665),

François Colletet a décrit minutieusement l'équipage et les allures de ces crieurs alcooliques :

> Ris de voir ces tasses rangées
> Et ces fioles de dragées,
> Ces bouteilles et ces flacons
> Et ces verres à petits fonds,
> Ces tables propres et couvertes,
> Que l'on orne de branches vertes,
> De tapis et de linges blancs,
> Afin d'attirer les passants.
> Tous ces vendeurs ont leur méthode
> Et chacun invite à sa mode :
> « Ça chalants, dira celuy-ci,
> Approchez, venez boire icy ;
> Voilà de si bonne eau-de-vie
> Pour noyer la mélancolie.
> Même pour réjouir le cœur,
> Qu'il ne se peut rien de meilleur ! »
> L'autre qui court de rue en rue
> Avec sa lanterne menue
> Portant sa boutique à son col
> Pendue avecque son licol,
> S'en va frapper de porte en porte,
> Suivy de son chien pour escorte,
> Et réveille les artisans
> Avecque ses discours plaisans
> Que l'on croit des mots de grimoire)
> « Vi, vi, vi, vi, à boire, à boire !
> Excellent petit cabaret
> Remply de blanc et de clairet,
> De rossolis, de malvoisie,
> Pour qui n'aime point l'eau-de-vie !

Notons en passant que l'eau-de-vie avait été longtemps considérée comme un remède et vendue exclusivement par les apothicaires ; ce ne fut guère qu'au xviie siècle qu'elle devint une boisson dont le peuple commença à user et dont il abuse aujourd'hui en attendant l'impôt sur l'alcool.

Un peu après les marchands d'eau-de-vie. les crieurs d'*huîtres à l'écaille* faisaient leur entrée en scène.

Puis les *étuveurs* qui au moyen âge envoyaient leurs garçons errer par les rues :

> Seignor, qu'or vous alliez baingner
> Et stuver sans delaier :
> Li baing sont chauds. c'est sans mentir.

Ce cri se renouvelait le soir. Le bain. surtout le bain de vapeur. était une des habitudes du moyen âge rapportée d'Orient à la suite des croisades et une habitude fort salutaire. en ce temps où Paris obstrué de ruelles infectes, peuplée de truands. souvent ravagé par la peste. respirait une atmosphère saturée de mauvaises odeurs et propice aux maladies cutanées.

Par malheur. déjà au moyen âge. nous citons toujours Victor Fournel, et encore au XVIIe siècle, malgré le soin qu'on prenait ou qu'on était censé prendre de ne recevoir dans la corporation des maîtres baigneurs étuvistes que des hommes barbiers de bonne vie et mœurs, leurs établissements avaient une réputation fort suspecte. On en trouvait presque dans chaque rue, mais celle des Vieilles-Étuves était leur centre principal et le rendez-vous favori des amateurs.

Mais laissons les étuvistes. devenus aujourd'hui d'honnêtes maîtres de bains se bornant à nous offrir du son, du barège ou l'extraction des cors, et de ces cors repassons aux cris.

CHAPITRE IV

H! oui, publicité criarde et dont Boileau se plaignait tant! Nous sommes encore à l'aube du jour, et voici les laitières déjà installées sous les portes et criant : « A mon bon lait chaud », puis, forçant la note, les marchands de café vous offrant leur mélange « à deus sols le pot ! »

Mais un cri domine tous les autres : c'est celui des marchands de poissons, s'il faut e. croire Guillaume de la Villeneuve :

> Puis après ovrez retentir
> De cils qui les fres harens crient :
> Or au vivet li autres dient :
> Sorec blanc, harenc fres poudré.

Les marchands de poisson descendaient dans la rue dès le matin, comme aujourd'hui. Les harengs formaient alors le fonds du commerce poissonnier, et voici le quatrain que l'auteur de la série des *Cris de Paris* du xv⁰ siècle prête à la *crieresse d'harengs* (fig. 9) :

> Harengs sorets appetisans :
> Ce sont petits morceaux frians,
> Pour déjeuner au matinet
> Avec vin blanc, clair, pur et net.

A la suite des marchandes de poisson. Guillaume de la Villeneuve fait défiler les *crieurs d'oisons*, *pigeons*, *chair salée* et *chair fraiche*, ce qui prouve que les bouchers comme les rôtisseurs colportaient alors leur marchandise. C'est ce que nous voyons encore aujourd'hui dans les petites voitures.

Toute la publicité marchande du xɪvᵉ au xvɪɪᵉ siècle se résumait donc en *cris*.

Voulez-vous. avant de quitter ce sujet, que nous citions les plus connus :

— Beurre frais, beurre de Vanves.

— Sauce blanche, sauce verte. pour manger *viandes de carême :* sauce au miel. sauce à l'ail.

— Vin de Suresnes, vin de Montmartre !

— Mes beaux cerneaux !

— Raisin, raisin doux !

— Salade ! belle salade !

— Verjus. vert verjus !

— Oranges de Portugal, oranges d'Italie !

— Figues de Marseille. Figues !

— Châtaignes boulues, toutes chaudes ! châtaignes à rôtir !

— Poire de Dagobert !

— Pain de Louvre ! Pain de Gonesse. pain chaland, pain mollet.

— Pêches de Corbeil ! bergamotes d'Autun !

— Pruneaux de Tours. pruneaux !

— La douce cerise, la griotte à confire. cerise de Poitiers ! Prunes de Damas !

Fig. 9. — Crieresse de harengs. XVe siècle.
Recueil de la Bibliothèque de l'Arsenal.

— Amandes nouvelles. Amandes douces : amendez-vous !

— Douce mûre ! gentils fruits nouveaux.

— Fèves de marais ! Fèves cuites, toutes chaudes !

— A mes bons navets, navets !

— Carpes vives. carpes vives !

— Mon frais saumon, mon beau cabillaud : j'ai ce qu'il vous faut !

— Des pommes, pour de la ferraille.

— De l'eau, pour du pain !

— Rave, douce rave. pour les dégoûtés !

— Fromage de Brie ! Fromage d'Auvergne !

— A ma belle poirée ! à mes beaux épinards ! à mon bel oignon !

— Achetez mes lardoires. mes cuillers à pot !

— A la fraîche, à la fraîche, qui veut boire, la douce tisane. Deux coups pour un liard !

— Ma belle herbe, anis fleuri !

— Gentils verres, verres jolis, fines aiguilles.

— Charbons de rabais, en Grève.

— Peignes de buis, la mort aux poux.

Etc., etc.. etc.

Et tout ce qui se vend, tout ce qui s'achète : vieux habits. vieux chapeaux, vieux fer. vieille monnaie, le *fient* (fumier) : les rubans, les casseroles, etc., tout était crié par les rues.

Gamme assourdissante où chacun apportait sa note. depuis le ramoneur ﹕ « *Ramone la cheminée o ta bas* ». jusqu'au marchand de joncs : « Battez vos femmes, rossez vos habits pour un sou » ; en passant par le charlatan, le colporteur. le bouquiniste, le droguiste, le chanteur, le porteur d'eau. l'arracheur de dents, le marchand de peaux de lapins. le rémouleur, les cureurs de puits, les tonneliers, les chaudronniers. les savetiers. les épiciers d'enfer. les chapeliers, les rosiers, le crieur de mort aux rats, le clocheteur des trépassés :

> Le clocheteur des trespassez
> Sonnant de rue en rue
> De frayeur rend leurs cœurs glacez
> Quoyque leur corps en sue
> Et mille chiens oyant sa triste voix
> Luy respondent a longs abois.

Voulez-vous encore : les vinaigriers, le vendeur d'images. le crieur de crimes, le marchand d'almanachs, le triacleur qui annonçait les drogues nouvelles et infaillibles, les porteurs de chaises. les décrotteurs, les crieurs de banques et de loteries, les marchands de plaisir. les oublieux. etc.

Nous avons à plusieurs reprises cité le nom de Guillaume de La Villeneuve ; nous nous ferions un crime de ne pas reproduire le poème qu'il a consacré à ces cris de Paris, une des œuvres les plus curieuses de la publicité du moyen âge. Le voici, nos lecteurs jugeront et trouveront sans doute que ces vers valent bien ceux du bon Desaugiers :

> J'entends Javotte
> Portant sa hotte
> Crier carotte,
> Panais et chou-fleur !...

LES CRIERIES DE PARIS

Par Guillaume De La Villeneuve

Tiré du Manuscrit de la Bibliothèque nationale, n° 7218, folio 246, recto.

Un noviau dit ici nous treuve
Guillaumme de la Vileneuve
Puisque pouretez le justice.
Or, vous dirai en quele guise,
Et en quele manière vont
Cil qui denrées à vendre ont,
Et qui penssent de lor preu fère,
Que ja ne finirait de biere,
Parmi Paris jusqu'à la nuit.
Ne cuidiez-vous qu'il lor anuit.
Que jà ne seront à sejor;
Oiez con crie au point du jor :
Seignor qu'or vous alez baingnier,
Et estuver sans delaier;
Li baing sont chaut, c'est sans mentir.
Puis après orrez retentir
De cels qui les frès harens crient;
Or au vivet li autre dient,
Sor et blanc, harenc frès poudré,
Harenc nostre vendre voudré.
Menuise vive orrez crier;
Et puis aletes de la mer.
Oisons, pijons et char salée,
Char fresche moult bien conraoé,
Lt de l'allie a grant planté,
Or au miel, Dieu vous doinst santé.
Et puis après pois chaus pilez
Et fèves chaudes par delez.
Aus et oingnons à longue aleine,
Puis après cresson de fontaine,
Cerfueil, porpié tout de venue;
Puis après porète menue,
Letues fresches demanois;

Vez ci bon cresson orlenois.
Li autres crie par dalez,
J'ai bons mellens frès et salez.
L'aguille pour le viez fer ai,
Or ça bon marchié en ferai.
L'eve por pain, qui veut si praingne,
J'ai bon frommage de Champaingne,
Or i a frommage de Brie;
Au burre frès n'oublie mie.
Or i a gruel et froment
Bien pilé et menuement;
Farine pilée, farine.
Au lait, commère; sa voisine,
Cras pois i a, aoust de pesches,
Poires de Chaillou, et nois fresches :
Primes ai pommes de rouviau,
Et d'Auvergne le blanc duriau.
Al balais si com je l'enten,
L'autres crie qui veut le ten:
L'autres crie la busche bone,
A deux oboles le vous done.
Huile de nois or au cerniaus :
Vin aigre qui est bons et biaus;
Vin aigre de moustarde i a.
Diex ! a il point de lie la ?
J'ai cerises, or au verjus;
Or à la porée ça jus;
Or i a oés, or aus poriaus.
Chaus pastez i a, chaus gastiaux
Or i a poissons de Bondies;
Chaudes oublées renforcies.
Galetes chaudes, eschaudez,
Rainssoles; ça denrée aus dez.
Cote et la chape par covent.
Cler i sont engané sovent.
Cote et sorcot rafeteroie,
Et je cuvier relieroie;
Huche et le banc sai bien refers,
Je sai moult bien que je sai fere.
J'ai joncheure de jagliaus,
Herbe fresche; les viez housiaus,
Les sollers viez, et soir et main.
Aux Frères de Saint-Jacque pain,

Pain por Dieu aus Frères Menors,
Cels tieng-je por bons perneors.
Aux Frères de Saint-Augustin
Icil vont criant par matin,
Du pain au Sas, pain aus Barrez,
Aus povres prisons enserrez,
A cels du val des Escoliers :
Li uns avant, li autre arriers.
Aus Frères des Pies demandent,
Et lie Croisié pas nes atandent,
A pain crier metent grant paine ;
Et li avvugle à haute alaine,
Du pain à cels de champ porri.
Dont moult sovent, sachiez, me ri.
Les bons enfanz orrez crier,
Du pain, nes vueil pas oublier.
Les Filles-Dieu sevent bien dire :
Du pain, par Jhesu, nostre Sire.
Ça. du pain por Dieu aus sachesses.
Par ces rues sont granz les presses,
Je vous di de ces genz menues,
Orrez crier parmi ces rues :
Menjue pain. Diex ! qui m'apele ?
Vien ça, vuide ceste escuele.
Or viengne avant gaaigne pain,
J'esclairciroie pas d'estain,
Je relieroie hanas.
Du poivre par le denier qu'as.
Or aus poires de hastivel,
Jorroises ai à grand revel ;
Très jonc à moult grant alenée.
Or ça, à la longue denrée.
Noel, Noel, à moult granz cris :
J'ai rais de l'archant, rais.
Cil qui crie, biau se deporte :
Qui vent le viez fer si l'aporte.
Li autres dit autres noveles :
Qui vent viez pos, et viez paieles.
Li autres crie : a grant friçon.
Qui a mentel ne peliçon,
Si le m'aport à refitier ;
Li autres crie son mestier,
Chandoile de coton, chandoile,

Qui plus art clc - que nul estoile.
Aucune foiz, ce m'est avis,
Crie-on le banc le Roy Loys ;
Si crie l'en en plusors leus,
Le bon vin fort à trente-deux
A seize. à douze, à six, à huit ;
Moult mainent cricor grant bruit.
Crier orrez qui a à moudre ;
J'aporte bones nois de coudre,
Les flaons chaus pas nes oublie ;
J'ai chastaingnes de Lombardie,
Figues de Melite sanz fin ;
J'ai roisin d'outre mer, roisin.
J'ai porées, et s'ai naviaus.
J'ai pois en cosse toz noviaus.
L'autre crie feves noveles ;
Si les mesures à escuels
Harmi d'aoust flerant com bausme,
L'autres crie chaume, i a chaume.
J'ai jonc paré por metre en lampes,
Bones eschaloingnes d'Estampes ;
J'ai savon d'outre mer, savon.
Des poires de Saint-Riule avon.
L'autres crie sans delaier,
Je sers de pingnes resoier.
Quant mort i a homme ne fame,
Criez orrez : Proiez por s'ame
A la sonete par ces rues.
Dont orrez autres gens menues
Poires d'angoisse crier haut ;
L'autres, pommes, pommes rouges qui vaut.
Aiglentier por du pain l'en crie,
Verjus de grain à faire aillie.
Li uns borgons, li autres veilles ;
Cornilles meures, cornilles.
Alies i a d'aliier
Or i a boutons d'aiglentier
Proneles de haie vendroie·
Oiselos pàr du pain danroie.
Nates i a, et naterons ;
Cerciaus de bois vendre volons.
L'autres crie gastiaux rastis,
Je les aporte toz fétis ;

Chaudes tartes et siminiaus.
L'autres crie chapiaus, chapiaus.
Gastel à fève orroiz crier,
Charbon le sac pour un denier,
Nefles meures ai à vendre.
Le soir orrez sanz plus atendre,
A haute voiz sans delaier,
Diex, qui appelle l'oubloier ?
Quant en aucun leu a perdu,
De crier n'est mie esperdu,
Près de l'uis crie où a esté,
Aide Diex de maisté.
Com de male eure je sui né,
Com par sui or mal assenez,
Et autres choses assez crie,
Que raconter ne vous sais mie.
Tant i a denrées à vendre,
Tenir ne me puis de despendre ;
Que se j'avoie grant avoir
Et de chascun vousisse avoir
De son mestier une denrée,
Il auroit moult corte durée.
Tant poi i ai mis que j'avoie,
Tant que povretez me mestroie.
Après mise ma robe jé,
Lecherie m'a desrobé ;
Si ne sai mès que devenir,
Ne quel chemin puisse tenir.
Fortune m'a mis en sa roe :
Chascuns me gabe et fait la moe ;
Si ferai, puisque suis en queche,
Du meillor fust que j'aurai fleche.

⁂

Mais à cette poésie d'un autre âge nous croyons qu'il est utile de joindre un texte plus moderne, c'est-à-dire une traduction du vieux poète de la vieille publicité, traduction aussi littérale que possible, avec des notes explicatives.

LES CRIERIES DE PARIS

TRADUCTION

« Ce nouveau dit est de Guillaume de la Villeneuve, que la pau-
« vreté tourmente. Je vous dirai comment et de quelle manière
« font ceux qui ont des marchandises à vendre, et qui ne finis-
« sent pas de les crier pour en tirer profit. Ils ne se lassent pas de
« courir partout Paris jusqu'à la nuit sans se reposer. Ils com-
« mencent dès le point du jour. Seigneurs, hâtez-vous d'aller vous
« baigner; les bains sont chauds, je vous l'assure ! Puis vous
« entendez retentir les cris de harengs frais ; d'autres crient à la
« vive (1); harengs saurs et blans, nouveau salé. Prenez de notre
« hareng. Puis, menues vives, et alètes (2) de mer ! On crie
« oisons, pigeons; viande salée, viande fraîche et appétissante;
« sauce à l'ail et au miel. Dieu vous donne santé ! Puis pois
« chauds en purée, et tout à côtés fèves chaudes; et sans dis-
« continuer aulx et oignons. D'autre côté, cresson de fontaine,
« cerfeuil, et puis pourpier; et encore petits poireaux et laitues
« fraîches ! Voici du bon cresson d'Orléans ! Tout auprès, ceux-
« là crient. J'ai des merlans frais et salés. J'ai des anguilles à
« bon marché pour du vieux fer. Qui veut de l'eau pour du
« pain ? J'ai des bons fromages de Champagne et de Brie; n'ou-
« bliez pas mon beurre frais. Voici du beau gruau : farine fine,
« farine! Au lait, la commère, la voisine ! Pois gras (fricasses):
« pêches mûres ; poires de Caillaux à cuire, noix fraîches !
« Pommes de Calville rouge, Calville blanc d'Auvergne ! Balais,
« balais! Poussière de tau ! Bonne bûche à deux oboles ! Huile
« de noix et cerneaux ! Bon vinaigre ! vinaigre à moutarde. Qui
« a de la lie de vin à vendre ? J'ai des cerises et du verjus ! Ache-

1. — Poisson de mer.
2. — Oiseaux.

« tez des herbes. Voici des œufs et des poireaux. Pâtés chauds,
« gâteaux tout chauds ! qui en veut ? Poisson de Bondy (1).
« Gauffres toutes chaudes, galettes chaudes, échaudés ; couennes
« de lard grillées : petites marchandises à jouer aux dés. Veste
« et manteau à vendre : les clercs s'y laissent souvent attraper !
« Raccommodeur de veste et soubreveste ! Bon raccommodeur
« de cuvier, de huche et de bancs ! Fleurs d'iris pour joncher
« (les rues) ! Herbe fraîche ! Et du matin au soir, marchand de
« vieilles bottines, de vieux souliers. Du pain pour les Frères de
« Saint-Jacques. Pour Dieu, du pain aux Frères Mineurs (les
« Cordeliers) ; ce sont là de bons preneurs. Du pain aux Frères
« Saint-Augustin : aux Frères Sachetins (2) : aux Barrés, aux
« Carmes : aux pauvres prisonniers, à ceux du val des Ecoliers :
« de tous côtés, pain pour les Frères Pies : et les Croisés (pour
« la Terre-Sainte ne sont pas en retard). Les aveugles crient à
« perdre haleine, du pain pour ceux du Chamfpourri (3) : ceux-là
« m'amusent souvent. Les Bons-Enfants crient aussi du pain.
« Les Filles-Dieu savent bien dire : Du pain, pour l'amour de
« Jésus, notre Seigneur, pour Dieu, du pain aux Sœurs au sac.
« Les rues sont encombrées de cette pauvre gent ; et à chaque
« pas on entend : Mendiants ! Dieu, qui m'appelle ? Viens çà,
« vide cette écuelle. Voici des gagne-deniers : Qui a des pots
« d'étain à nettoyer, des hanaps (4) à raccommoder ?
« Poivre pour un denier ! J'ai poires de hâtiveau ; j'ai des jar-
« roises (5) à cœur joie, et du jonc frais tant qu'on en veut.
« Voici d'autres marchandises plus chères. Qui veut des Noëls (6),
« qui en veut ? Fil d'archal, fil ! Qui a du vieux fer à vendre,
« voilà le marchand ! Vendez vos vieux pots, vos vieilles poêles,

1. — Des étangs de Bondy.
2. — Frères au sac.
3. — L'emplacement où furent établis les Quinze-Vingts s'appelait
Chamf pourri.
4. — Vase à boire ; il y en avait de diverses matières. Voyez ci-dessus, page 101.
5. — Fruit rouge long et aigre qui vient dans les haies, et qu'on ne
voit plus à Paris.
6. — Petits livres de cantiques.

« voilà le marchand ! En voici qui crient : Qui a des manteaux,
« des pelisses à raccommoder : gare le froid ! D'autres : Chandelle
« de coton, chandelle qui éclaire plus que les étoiles ! Parfois
« on crie le ban du roi Louis (1), et, dans différents endroits, le
« meilleur vin à trente-deux deniers ; vin à seize, à douze, à six
« deniers ! Nombres de crieurs (2) vont s'écriant : Qui veut
« moudre ? J'apporte de bonnes noisettes, du flan tout chaud !
« Châtaignes de Lombardie ; figues de Malte, figues ! Raisin de
« Damas, raisin ! Poireaux, navets ! Pois en cosse, tout nou-
« veaux ! Fèves nouvelles, à l'écuelle ! Anis d'août qui embaume !
« Chaume, chaume ! Mèche de jonc apprêtée pour les lamges (3) !
« Bonnes échalotes d'Étampes ! Savon d'outre-mer, savon !
« Poire de Saint-Rieule ! Voulez-vous des peignes à faire de
« réseaux ? Maintenant vous entendez le sonneur qui court les
« rues en criant : Priez pour l'âme du trépassé ! Et les petits
« marchands de crier : Poires d'angoisse, bonnes pommes
« rouges ! Eglantier pour du pain, qui en veut ? Verjus en grain
« pour sauce ! Champignons, champignons (4) ! Cornouilles
« mûres, cornouilles ! Alizes d'alizier, boutons d'églantier,
« prunes de haie à vendre ! Qui veut des petits oiseaux pour du
« pain ! Nattes et naterons, cercles de tonneaux ! Voyez mes
« jolis gâteaux ! Qui veut des tartes chaudes et des cheminaux ?
« Chapeaux, chapeaux ! Gâteaux à la fève (5), gâteaux ! Charbon
« au sac pour un denier ! Nèfles mûres ! Sur le soir, commence
« à crier le marchand d'oublies : Voilà l'oublieur, qui l'appelle !
« Quand il a perdu en quelque endroit, il reste auprès de la porte
« en criant : Au secours, Dieu de majesté ! Suis-je assez malheu-
« reux ? A-t-on un sort plus contraire ? Il y a bien d'autres cris
« que je ne saurais rapporter. Le nombre des marchandises à

---

1. — Pour fournir au Roi hommes et argent.
2. — Les meuniers et les fourniers parcouraient les rues en demandant qui avait du blé à moudre et du pain à cuire.
3. — On se servait pour mèche de la moelle d'un petit jonc de bas
près, au lieu de coton, dont l'usage n'était pas encore très commun.
4. — Borgons et veilles sont deux espèces de champignons de près.
5. — Gâteaux pour la fête des Rois.

« vendre est si considérable, que je ne puis m'empêcher de dé-
« penser; et si j'en achetais seulement un échantillon de chaque
« espèce, quelle que fût ma fortune, elle y passerait bientôt. J'ai
« ainsi mangé le peu que j'avais, et la pauvreté me tourmente.
« J'ai vendu jusqu'à mes habits : la gourmandise m'a dépouillé,
« et je ne sais plus que devenir, ni où aller. Me voilà livré à la
« roue de la Fortune. Chacun me raille et me fait la mine; et,
« puisque je suis en quête, je ferai flèche du meilleur bois que je
« pourrai. »

A ce poème de Guillaume de la Villeneuve il est un com-
plément nécessaire.

Les dits du Mercier (fig. 10) dont les versiculets furent
tout aussi célèbres au temps jadis.

Cette genèse de la publicité prouve au moins que
nos pères étaient sollicités tout autant que nous par les
industriels de l'époque. Et, notez-le, sollicités par des vers
que je préfère à ceux du *Savon du Congo* : lisez ce poème :

Moult a ci bele compaignie
Merciers sui, si port mercerie
Que ge vendisse volentiers
Que ge ai besoig de deniers
S'or vos plaisoit à escouter,
Bien vos sauroie deviser
La mercerie que ge port;
Mais le fais sostenir ni est fort.
J'ai les mignotes ceinturetes
J'ai beax ganz à damoiselettes.
J'ai ganz forrez, doubles et sangles.
J'ai de bonnes boucles à cengles;
J'ai chainetes de fer beles
J'ai bones cordes à vicles;
J'ai les guimpes ensaffrenées,
J'ai les aiguilles encharnelées.
J'ai escrins à mettre joiax;

Fig. 10. — Le Mercier. — Tiré des *Cris de Paris* de Poisson, 1774.

J'ai borses de cuir à noiax.
Mais quant les voi presque ne muir
Tout les haz ; les borses de cuir.
Trop ni ont descreu mon chetel.
J'ai vif-argent, el mont n'a tel.
Que ge mis en cuir de poisson,
En un sac pelu de taisson
J'ai de bon loutre a peliçons
J'ai hermines et siglatons.
Et orle de porpois de mer.
J'ai polain à secors orler.
J'ai les trés cointes aiguillées
J'ai gratuises à peletées.
J'ai braiex et lasnières beles
J'ai de bones troses à seles
J'ai les déens a costurières ;
J'ai les diverses aumosnières
Et de soie et de cordoau.
Que ge vendrai encore eau
Et si en ai de pleine toile ;
Et si vendraie bien un voile
A une nonnain benoîte.
J'ai bons fers à mettre en saicte.
J'ai bons cornets à trécoers.
Boucles à mettre en solers,
Fermaillez a enfanz de feutre ;
J'ai beaux loz à chapeaux de feutre :
J'ai beles espingues d'argent,
Si en ai d'archal ensement,
Que ge veut à cez gentix femes
J'ai de beax cuevrechiés à dames
Et coiffes la certes beles,
Que je vendrai à cez puceles
Et de soie, par covenant,
A chapeax d'orfrois par devant ;
G'en ai de lig à damoiseax
A floretes et à oiseax,
Bien lichiées et bien polies,
A coiffer devant lor amies ;
G'en ai de chanvre à ces vilains.
Et moffles à mettre en lor mains.
J'ai campeneles de mostier,
J'ai buleteax à bolangier

J'ai croissoères à gasteax
J'ai laz à sercoz a noiax.
J'ai sonetes de trop beau tor,
J'ai de bons flagens à pastor.
J'ai cuillers de bois et de tremble,
Que j'achetai totes ensanble :
J'ai chauces de Bruges faitices.
Argent pel por metre en esclices ;
J'ai ameçons à pescheors
J'ai fers d'alènes au vors.
J'ai les hacetes à seignier,
J'ai les pignes à chief pignier.
J'ai le bon savon de Paris,
J'ai bons coffres où il est mis ;
J'ai fermaillez d'archal dorez
Et de laiton sor argentez :
Et tant les aim cax de laiton.
Sovent por argent le met-on.
N'ai pas tote criée n'ensaigne :
J'ai ton coffre à garir de taigne.
J'ai couteaux charteins et à pointes,
Dont cil bacheler se font cointes
J'ai beax clareins à mettre à vaches
J'ai beay freseax à faire ataches
A gros botons d'or et de soie :
J'ai mainte ferrée corroio,
Rouges et verz, blanches et noires
Que ge vent moult bien à ces foires.
Si ai boites de mostier maintes.
Nettes. polies et bien paintes.
Si ai l'encaus et l'ençaussier
L'orcuel a tote la cuillier.
J'ai table, grefes etgreffiers
Dont ge reçois de bons deniers,
De ces clercs de bones moailles.
Si ai maintes riches toailles.
Que loient à ces haustes festes
Lez gentix femes sor lor testes.
Si ai tc' l'apareillement
Dont feme fait forniement :
Rasoers, forces, guignoeres,
Escureies et furgoeres
Et bendeax et crespiseors,

Traineax, pignes, méreors.
Eve rose dont se forbisent.
J'ai queton dont eus se rougissent,
J'ai blanchet dont eus se font blanches.
J'ai lacet à lacier lor manges,
J'ai gingembre, j'ai garingant,
Qui fait ces clercs chanter en haut ;
Figues, dates et alemandes.
J'ai saffren à mettre en viandes,
Que ge veut à cez damoiseles
A faire jaunes lor cocles.
J'ai pomes grenètes antières,
Mais ceus me sanblèrent moult chières ;
Et ne pourquant ges sai bien vendre
Ou l'argent ou le vaillant prendre.
Autres espices ai-ge totes ;
Oignemenz à garir de goutes.
J'ai le poivre, j'ai le comin.
J'ai fil d'argent à mazelin,
Et d'archal à cens de manières
Qui sont de lignaige à civières.
J'ai dez du plus, j'ai des du mains,
De Paris, de Chartres, de Rains ; [1].
Si en ai deux, ce n'est pas gas,
Qui, au hocher, chiéent sor as.
J'ai fermans d'archal et anieaus,
Et baudrez et fallois moult beans, [2]
Dont ge doig trois s. par un œf ;
Il n'a gaires qu'ils furent nuef ;
J'ai beax museax à musel,
J'ai beax fresteax à frestel : [3]
Caboz torneiz et pelotes, [5]
Paternostres à cez viellotes. [6]
Ge ne sai mès que ge vos die,
El monde n'a la mercerie
Que home et feme acheter puissent,
Que tot maintenant ne litruissent
Une pilete ai ci pendue, [1]
Grosse, pesant et estendue,
Que je vendrai as chamberières
A piler en totes manières.
Bien la porrai vendre en plevine [2]
Q'il est nu rachnel de l'eschine,

Pilerons à gros et fachuel
Qu'il est du neu et du rachuel, [3]
Si ne fait pas à aviller
Ainz m'en doit-on mielz estimer
Venez avant, Dame, venez ;
Venez avant, si m'estrinez,
D'uef, ou de fer ou de deniers,
Si m'alégera cist paniers.
Et vos, petites meschinetes. [4]
Poez revenir as piletes ;
Or n'a caienz nul si riche home
Qui miels n'aurast une tel some
De mercerie s'il l'avoit,
Et se bien garder la savoit.
Mais ge n'en puis nul bien avoir,
Onques n'iconquis point d'avoir ;
N'onques en riens que ge partasse,
Ne gaaignai que ge mengasse,
Par ce vueil jou le panier metre
Ge ne m'en vueil plus entremetre.
Ainz revenrai à la bilete,
Dont ge mielz me sais entremetre
Proiez Diex qu'en châtel me mete.

.˙.

Nous avons ainsi cité les deux pièces les plus curieuses résumant tout le commerce des XIIIᵉ, XIVᵉ et XVᵉ siècles et tous les mystères de la publicité criée et ambulante au moyen âge.

Ce sujet des *cris* et surtout des *cris de Paris* nous a peut-être entraîné; mais il ne faut pas oublier que nous écrivons une « Histoire de la publicité » et que la publicité de plusieurs siècles est faite de ces cris.

Ces crieurs et leurs clients, vendeurs et acheteurs de publicité ambulante sont les ancêtres de la publicité actuelle sous toutes ses formes. Dans les cris typiques que nous avons cités, dans les colporteurs que nous avons énumérés, dans les dits du mercier. nous retrouverons aujourd'hui l'essence de l'annonce et l'embryon de la clientèle assidue de la quatrième page de nos journaux quotidiens.

La note a changé comme le client   la formule n'est plus la même : mais le fond est resté identique, et les résultats sont semblables.

La publicité marchande s'est transformée comme se sont transformées les corporations. Jadis on criait, aujourd'hui on écrit : plus ça change, et plus c'est la même chose !

QUATRIÈME PARTIE

CHAPITRE PREMIER

LA GENÈSE DE L'AFFICHE ROYALE

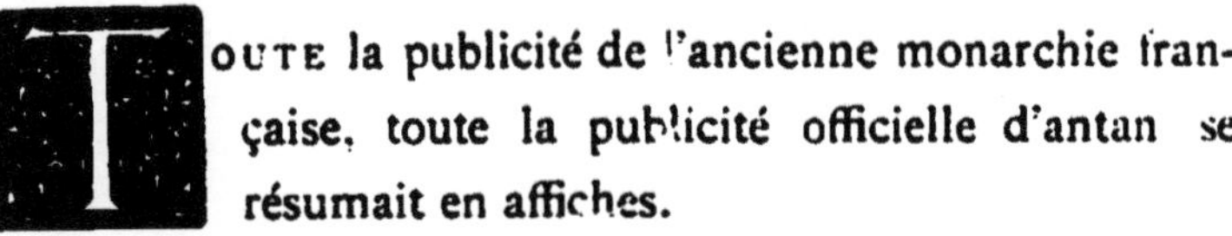

Toute la publicité de l'ancienne monarchie française, toute la publicité officielle d'antan se résumait en affiches.

Le peuple et les industriels avaient les crieurs comme nous venons de l'expliquer; les grands avaient les affiches. Les rois, le clergé, les nobles, s'étaient réservé ce mode de publication, et fort longtemps ce fut un de leurs privilèges.

En ce qui concerne ces affiches, nous avons montré que notre ancienne jurisprudence avait beaucoup emprunté aux législations romaine et grecque. Mais en France, tout au moins jusqu'au xviiie siècle, le principal usage des affiches était d'annoncer la loi et de la faire connaître au peuple.

La législation des Capitulaires atteste par elle-même que le souverain prescrivait l'enregistrement, la publication et l'affichage des règlements et que, dans cet ordre d'idées, il adressait ces règlements aux prélats, aux comtes et à tous ceux qui avaient l'administration de la justice, pour les faire lire et publier dans leurs départements respectifs, aux jours d'audience.

A une époque moins éloignée de nous, on retrouve les mêmes dispositions. C'est ainsi que dans son édit du mois de novembre 1539,— nous en reparlerons plus loin.—François Ier disait : « que les ordonnances seront attachées à un tableau, écrites sur du parchemin en grosses lettres... » En exécution de ces dispositions, le prince faisait afficher partout le royaume les lois qui regardaient l'universalité de ses projets : chaque cour souveraine faisait afficher dans les différents lieux de son ressort les arrêts du règlement qui devaient y être exécutés ; et les magistrats dont le territoire était borné à un ou deux cantons particuliers avaient droit de faire afficher ces ordonnances dans ce lieu ou dans ce canton et non ailleurs.

Voici la genèse des affiches sous l'ancienne monarchie. c'est-à-dire de la publicité officielle que nous allons étudier dans les chapitres suivants.

LES PREMIERS DÉCRETS ROYAUX ET LEUR PUBLICITÉ RÉGULIÈRE

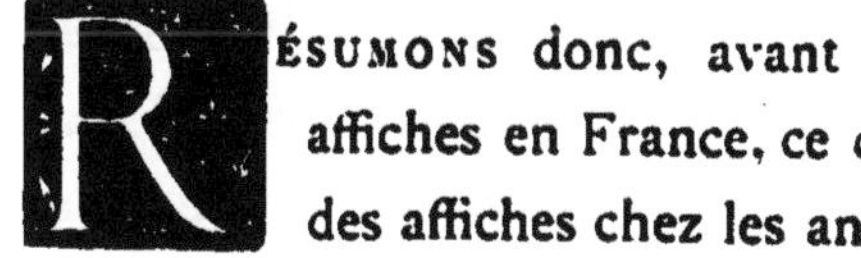

RÉSUMONS donc, avant d'aborder ce sujet des affiches en France, ce que nous avons déjà dit des affiches chez les anciens.

C'est un enchaînement régulier, qui de la publicité au temps de Périclès et au temps des Césars nous conduit à la publicité royale en France.

Notons d'abord que la publicité officielle a eu pour origine première la publicité des lois. car c'est une maxime fondée sur la raison et autorisée par l'usage de tous les temps et de toutes les nations que les lois ne lient et n'engagent les peuples qu'après qu'elles ont été publiées.

Si nous condensons nos précédentes observations, nous verrons tout d'abord qu'aussitôt que Moïse fut descendu de la montagne où Dieu lui avait donné des lois pour les faire observer à son peuple, il les publia devant Israël suivant l'ordre qu'il en avait conçu. Ce sage dépositaire des volontés du Seigneur ne crut pas même qu'une seule publication dût suffire; il la renouvela plusieurs fois, et ce fut la dernière de ses actions la veille de sa mort. Il eut même cette précaution d'en déposer l'original entre les mains des prêtres et des lévites, et d'ordonner que tous les sept ans elles seraient de nouveau publiées le jour de la fête solennelle des Tabernacles en présence de tout le peuple.

Les Grecs. — nous l'avons dit précédemment. — observaient religieusement ces mêmes formalités; Athènes, la plus fameuse de leurs républiques, nous en a fourni l'exemple : il y avait exprès des magistrats nommés δεσμοθέται, dont la fonction consistait, selon l'étymologie de leur nom, à faire publier les lois. à les conserver et à tenir la main pour qu'elles fussent exécutées. C'est ce qui fut observé à l'égard de celles de Solon.

Plutarque nous a appris qu'elles furent publiées au Sénat et sur la Grande-Place, proche de la pierre où se faisaient les proclamations publiques, à la diligence des théomothètes, gardiens et conservateurs des lois.

Les Romains étaient tellement persuadés de la justice de ce procédé qu'ils s'en étaient imposé l'obligation par une loi qui a subsisté aussi longtemps que leur empire.

Les Ordonnances des rois de France autorisèrent cet usage dès les premiers jours de la monarchie. Il y a, à cet égard, des dispositions spéciales dans leurs capitulaires, dispositions que l'on trouve renouvelées de règne en règne.

C'est par là que Louis XIV a commencé son édit célèbre du mois d'avril 1667 concernant les réformes de la justice.

Mais nous avons déjà trop insisté sur ces détails rétrospectifs : il convient maintenant, pour continuer notre étude sur la « Publicité officielle », de décrire ce qui se pratiquait en France sous l'ancienne monarchie.

Trois choses, selon l'usage français, concourent ordinairement à rendre les lois publiques : l'enregistrement, la publication et les affiches.

Il s'est passé plusieurs siècles sans qu'il y eût en France des registres publics pour y transcrire les lois, ni d'autres endroits pour en conserver les originaux que les archives des palais royaux.

Ce précieux trésor n'était confié qu'au grand chancelier, et c'était de ses mains que les magistrats en recevaient des expéditions pour les faire publier dans leurs tribunaux et sur les places publiques de leurs villes. De là vient que parmi les éloges de ce premier magistrat de la couronne que nous lisons dans Cassiodore, il est nommé : la voix et le gardien des lois et de la justice, le trésor du droit, l'image du prince, celui qui a part au conseil du roi, qui est l'arbitre

des grâces qu'on lui demande et le jurisconsulte de l'État.
Vox et custos legum atque justitiæ : armarium legum et principis imago, consilii regalis particeps. precum arbiter. legum conditor et majorum gentium jurisconsultus.

Ainsi, lorsqu'il plaisait à un de nos anciens rois de faire de nouvelles lois, elles étaient immédiatement adressées par le chancelier aux comtes ou premiers magistrats des provinces qui en envoyaient ensuite des copies aux comtes des autres villes de leur dépendance, et chacun d'eux les faisait publier à ses audiences et sur les places publiques. C'est ainsi qu'un édit de Charlemagne de l'an 803 fut adressé à Étienne, comte de Paris, et que ce magistrat le fit publier à son audience en présence des conseillers de son siège, nommés en son temps *scabini* :

« Anno tertio clementissimi domini nostri Karoli Augusti,
« sub ipso anno, hœc facta capitula sunt et consignata Stephano
« comiti, ut hœc manifesta faceret in civitate Parisius, mallo
« publico, et ille legere faceret coram Stabineis, quod ita et fecit
« et omnes in uno consenserunt. quod ipsi voluissent omni
« tempore observare usque in posterum. »

Tels sont les termes du procès-verbal de la publication de l'édit dont nous venons de parler.

CHAPITRE II

CAPITULAIRES. ORDONNANCES ET PARCHEMINS

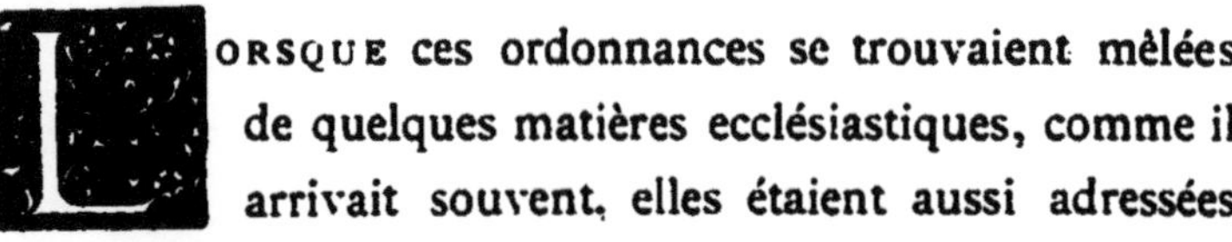

L ORSQUE ces ordonnances se trouvaient mêlées de quelques matières ecclésiastiques, comme il arrivait souvent, elles étaient aussi adressées aux archevêques, qui en envoyaient des copies aux évêques leurs suffragants et aux abbés, pour qu'elles fussent exécutées en ce qui les concernait.

Tous ces usages nous sont parfaitement représentés par l'un des capitulaires de Louis le Débonnaire de l'an 823.

Voici ce qu'il contient :

« Volumus etiam ut capitula quæ nunc et alio tempore con-
« sultu nostrorum fidelium a nobis constituta sunt a concellario
« nostro, archiepiscopi et comites eorum de propriis civitatibus
« modo aut per se, aut per suos missos accipiant, et unusquisque
« per suam diocesim cœteris episcopis, abbatibus, comitibus et
« aliis fidelibus nostris ea transcribi faciant et in suis comitatibus
« coram omnibus relegant, ut cunctis nostra ordinario et voluntas
« nota fieri possit. Concellarius tamen noster nomina episco-
« porum et comitum qui ea accipere curaverint notet et ea ad
« nostram notitiam perferat, ut nullus hoc prætermittere præ-
« sumat. »

A cette charte de publicité, Charles le Chauve ajouta,

par une ordonnance de l'an 853, que les capitulaires de son aïeul et de son père seraient à nouveau publiés et que ceux des comtes qui n'en possèderaient pas un exemplaire seraient tenus, selon l'usage de leurs prédécesseurs, d'envoyer leur commissaire et un greffier, avec du parchemin, aû Palais-Royal, pour en prendre copie sur les originaux qui seraient pour ce fait tirés de son trésor :

« Mandamus prœterea ut si capitula domini avi et genitoris
« nostri scripta non habetis, mittatis ad palatium nostrum, de
« more prædecessorum vestrorum, missum vestrum et scripto-
« rem, cum pergamena, et ibi de nostro armario ipsa capitula
« accipiat atque conscribat. Et vos deinde secundum ipsa capi-
« tula. Dei justitiam, populique a Deo vobis commissi successo-
« rias proclamationes legaliter solerti vigilantia procuretis. »

Ce qui s'était fait à cet égard sous la première et seconde branche des rois de France fut observé par la suite pendant plus de trois siècles. Il n'y eut point d'autre lieu désigné pour la garde et la conservation des lois que les Archives royales du Palais.

Saint Louis, n'estimant rien de plus précieux, après la religion, que ce dépôt, le fit transférer près de la Sainte-Chapelle qu'il venait de faire construire.

C'est ce vieux dépôt qui constitue aujourd'hui le précieux trésor des chartes françaises.

Toutes les ordonnances et tous les écrits étaient envoyés de ce dépôt aux baillis et aux sénéchaux, — qui avaient succédé aux comtes, — pour les faire publier à leurs audiences et dans leurs juridictions.

Les lettres patentes de saint Louis de l'an 1227, en faveur des Rochelais, et l'édit de ce même roi de l'an 1228 contre les pauvres Albigeois, en font foi.

L'ancien manuscrit de sa vie conservé à la Bibliothèque nationale le confirme. En voici les termes :

« Le Roy, estant de retour à Paris l'an 1258, assembla en
« cette ville plusieurs prélats, barons et notables, clercs de tous
« estats et des gens de son conseil pour aviser sur le fait de jus-
« tice. Il fit faire plusieurs ordonnances qu'il approuva et con-
« firma et les fit enregistrer et publier en sa cour et auditoire du
« Chastelet de Paris et autres auditoires et sénéchaussées de son
« Royaume. »

L'édit de Philippe le Bel du mois de mars 1302 pour la réforme générale du royaume n'a point d'autre adresse qu'à ces mêmes magistrats des provinces pour le faire publier dans leurs assises, c'est-à-dire dans leurs audiences les plus solennelles :

« Publicabantur autem hæc ordinationes per quemlibet bail-
« lirum aut levescallum imprima assisa quam tenebant. »

C'est ainsi qu'il s'en explique. Le mot « enregistrer. » qui se trouve dans cet auteur de la *Vie de Saint Louis*, est remarquable.

C'est la première fois qu'il en est fait mention dans nos archives ou ailleurs ; le mot, — qui a fait fortune depuis, — venait d'être créé.

Avant le règne de ce prince, l'on écrivait les actes sur des peaux entières et souvent même sur plusieurs de ces peaux cousues à la suite les unes des autres. On les roulait ensuite comme on faisait autrefois des parchemins et comme l'on faisait, il y a peu de temps encore, des cartes de géographie.

C'est du reste de là que vient pour les livres le nom de *volumes : volumen, a volvendo.* Quant aux *Actes*, l'on nommait par une semblable raison les baux qui les contenaient : *rotula*, rouleaux.

Ainsi, au lieu de dire les *Registres du Parlement*, l'on disait *Rotula Parlamenti*, et l'on se servait de ces mêmes termes dans les autres tribunaux.

Aussi, dans ce temps, lorsque pour rendre un acte authentique on était obligé de l'apporter et de le faire classer dans le dépôt public de la juridiction, comme cela arrivait très souvent, on ne se servait pas du mot *enregistrement*, qui n'était pas encore en usage, mais on disait simplement qu'il avait été déposé auprès des actes publics : *deposita apud acta.*

CHAPITRE III

TIENNE BOILLEAU, nommé prévôt de Paris par saint Louis, fut le premier qui fit réunir en *cahiers* les actes de sa juridiction.

Il commença par une compilation de tous les anciens règlements de police, qu'il colligea avec beaucoup de soin et d'exactitude.

Il en forma un volume in-folio divisé en trois parties.

La première contenait toutes les ordonnances sur la police de Paris et les anciens statuts de tous les corps de métiers, classés par ordre alphabétique. Nous avons déjà eu précédemment l'occasion de parler de ce travail.

La seconde partie contenait tous les règlements et les tarifs de tous les droits qui se levaient à cette époque, pour le roi, à Paris, sur les denrées et marchandises.

La troisième formait un recueil des titres concernant les justices subalternes qui s'exerçaient alors à Paris.

On appelait autrefois ce volume le *Livre blanc:* on le désigna plus tard sous le nom de *Volume des métiers* ou *Livre des métiers.*

D'un autre côté, aussitôt que le Parlement devint sédentaire, Jean de Montluc, greffier de la cour, rassembla plusieurs des principaux arrêts contenus dans les rouleaux (*in rotulis*) qu'il avait transcrits lui-même, et en composa des recueils ou *Cahiers* reliés ensemble dans lesquels il continua d'écrire les arrêts rendus de son temps. Gaudefridus, son successeur. continua sa méthode, et il fit même rechercher dans les anciens rouleaux les plus notables arrêts qu'il ajouta à la collection commencée par son pré- décesseur.

Il prit soin du reste de conserver à la postérité le souvenir de cette entreprise. et voici comment il s'en explique à l'endroit même des cahiers où il reprit le travail de Montluc :

Inferius continentur et scribantur quædam judicia... etc.

Comme ces recueils. tirés soit du Châtelet, soit du Parlement. ne furent d'abord que des compilations, ils donnèrent naissance au nom de registre, du latin *Regestum, quasi iterum gestum.* On les nomma aussi *Olim* pour faire entendre que c'étaient des faits qui s'étaient passés *autrefois.*

Ce fut environ à la même époque que Saint-Just, maître des comptes. fit des recherches dans les rouleaux de la Chambre et en retira les plus importantes pièces ; il en composa un registre que l'on nomme encore aujourd'hui du nom de son auteur : *Registre de Saint-Just.*

Cet établissement de *registres* dans toutes les juridictions donna naissance à l'*enregistrement* des ordonnances et des lettres patentes des rois de France.

Ces ordonnances et ces lettres étaient de deux sortes : les

unes générales, pour tout le royaume : les autres particulières et ne contenant que certaines juridictions.

Les premières étaient adressées au Parlement et aux autres cours supérieures, les autres étaient adressées au prévôt de Paris, et, pour les provinces, aux baillis et sénéchaux.

Cet enregistrement dans les justices ordinaires a toujours été jugé nécessaire à la publicité des volontés du roi.

Les actes mêmes qui étaient adressés et registrés au parlement étaient ensuite envoyés par ce premier tribunal du royaume au prévôt de Paris et aux baillis et sénéchaux, pour les faire lire, publier et registrer dans leurs juridictions.

Le Parlement eut d'abord ses registres particuliers pour ces enregistrements que l'on nomma *Registres des ordonnances :* le plus ancien, après les *Olim.* date de 1337.

Les autres juridictions n'eurent point de ces registres distincts.

Le procureur du roi au Châtelet, qui était obligé par sa charge de tenir la main à l'exécution des ordonnances et de poursuivre les prévarications, en faisait une étude assidue.

Ces procureurs ont ainsi tenu au net pendant plus de trois siècles ces registres particuliers. dont ils se formèrent ainsi une sorte de répertoire, un embryon du Dalloz moderne.

A la fin du xviiiᵉ siècle, ces registres déjà fort nombreux étaient désignés par la couleur de leurs couvertures : le livre blanc, le livre noir, le livre rouge, le livre vert, le livre jaune, etc.. antique et simple dénomination dont nos assemblées législatives se servent encore aujourd'hui.

Nous disions actuellement pour désigner ces volumes officiels : *le Livre Jaune sur les affaires d'Egypte*, etc. On disait autrefois le grand, le petit, le premier, le second jaune, etc.. etc.

Ces volumes étaient aussi appelés : *Registres de la Chambre du procureur du roi...*

Le prêt. — comme aujourd'hui à la Bibliothèque nationale. — les incendies et surtout les révolutions ont causé la perte de beaucoup de ces volumes : cependant nos archives en possèdent encore une vingtaine.

Robert d'Estouteville, prévôt de Paris, commença aussi. en 1461, à tenir des registres spéciaux pour l'enregistrement de toutes les ordonnances et lettres patentes adressées au Châtelet. Ces registres dits : *Registres des publications* devinrent bientôt d'un usage courant, et nous en trouvons encore l'usage de nos jours.

CHAPITRE IV

OICI donc les prodromes de la publicité royale bien établis. Cartulaires. actes. ordonnances. lettres patentes, etc.. ont successivement passé des peaux cousues aux parchemins et des cahiers aux registres.

Cette *publicité fermée* bien étudiée, il nous reste à mettre en cause la *publicité ouverte*. c'est-à-dire les *affiches*.

Dans les chapitres précédents et à leurs places respectives. nous avons parlé des affiches chez les Hébreux, les Grecs et les Romains ; nous n'y reviendrons pas.

Donc, inutile d'insister et entrons *ex abrupto* dans notre sujet en posant ce principe reconnu que l'usage des affiches passa dans les Gaules avec les autres lois de la domination romaine.

Cet usage fut conservé par les premiers rois, après leurs conquètes. et François Ier le confirma par son édit du mois de novembre 1539, dont l'un des articles faisait savoir :

« Que les ordonnances seraient attachées à un tableau, écrites

« sur des parchemins en grosses lettres dans les seize quartiers de
« la Ville de Paris et dans les faubourgs, aux lieux les plus
« éminents ; afin que chacun les connust et entendist. Fait
« défenses de les oter à peine de punition corporelle et ordonne
« aux commissaires des quartiers de les prendre sous leur garde
« et d'y veiller... »

À cette époque, le droit de faire afficher n'appartenait
qu'au juge ou au premier magistrat de la ville. Dans la
capitale, le prévôt de Paris avait seul ce droit, malgré toutes
les contestations qui eurent lieu à ce sujet.

Nous en voyons un exemple probant dans les lettres
patentes de Charles VI du 6 avril 1407, adressées au prévôt de Paris pour faire le procès de ceux qui avaient affiché
des placards excitant le peuple à la sédition et à la rebel-
lion contre l'autorité du roi.

Nous trouvons encore à ce sujet un curieux arrêt du
Parlement du 1ᵉʳ mars 1475. Le prévôt de Paris s'était
plaint que les généraux des Monnaies eussent entrepris de
« faire faire un cry dans Paris de par le roy et de par eux,
que c'était une entreprise sur sa charge, car il ne se devait
faire aucun cry en cette ville que de par le roy et par le
prévôt de Paris ». Sur quoi la cour, après avoir entendu
les parties, ordonna que « en tous cris et proclamations
qu'il conviendrait de faire en vertu des sentences de la
Chambre des Monnaies, après que la trompette aurait
sonné, le crieur dirait : Or oyez de par le roy notre sire et
de par monsieur le prévôt de Paris... et dirait ensuite : On
vous fait à scavoir de par le roy notre sire et de par messieurs

les généraux maîtres des Monnaies que présentement... »

Du reste à cette époque on n'y allait pas de main morte contre ceux qui osaient contrevenir aux ordonnances concernant l'affichage.

La police, comme aujourd'hui, ne se bornait pas à déchirer les placards et à poursuivre correctionnellement ; en effet, un arrêt du parlement du 22 janvier 1653 « fait défenses à tous imprimeurs d'imprimer des placards et mémoires pour afficher sans permission, et à toutes personnes de les afficher sous peine de vie ».

Cette loi draconienne fut suivie d'un arrêt du conseil d'État du 4 mai 1662, qui est presque aussi rigoureux :

« Le roi s'étant fait représenter une feuille imprimée conte-
« nant une prétendue ordonnance et règlement sur le fait des
« chasses, imprimée et distribuée à Paris sans ordre, autorité
« ni permission et voulant pour le bien de son service et l'inté-
« rêt du public empêcher les conséquences que pourrait avoir
« l'exemple d'une telle entreprise s'il n'était poursuivi ; Sa Ma-
« jesté, étant en son conseil, a ordonné et ordonne que, par le
« sieur de La Reynie, lieutenant de police de Paris, il sera
« informé tant contre l'imprimeur qui a imprimé ladite pré-
« tendue ordonnance que contre ceux qui l'ont distribuée et
« débitée : fait Sa Majesté défense à tous libraires, imprimeurs,
« colporteurs, d'imprimer à l'avenir, vendre, colporter ou
« afficher aucunes feuilles ou placards, sans la permission du dit
« lieutenant de police, à peine contre les imprimeurs d'interdic-
« tion et privation de la maîtrise et de punition corporelle
« contre ceux qui auront appliqué ou affiché dans les carre-
« fours et lieux publics aucuns placards, imprimés ou manuscrits,
« sans permission. Et afin que personne n'en prétende cause
« d'ignorance, Sa Majesté ordonne que le présent arrêt sera lu,

« publié et registré en la communauté des libraires et impri-
« meurs, à la diligence des syndics et adjoints de ladite com-
« munauté.

« Fait au conseil d'État du roy, le 4 mars 1669. »

Et le roi confirme ainsi :

« Louis, par la grâce de Dieu, roi de France et de Navarre :
« A notre ami et féal conseiller, en nos conseils, maître des
« requêtes ordinaires de notre hostel, le sieur de la Reynie, lieu-
« tenant général de police à Paris, salut. Suivant l'arrêt dont
« l'extrait est si attaché, sous le contre-sol de notre chancellerie,
« ce jourd'hui donné en notre conseil d'état, nous y étant, nous
« vous mandons et ordonnons, par ces présentes signées de notre
« main, d'informer tant contre l'imprimeur qui a imprimé une
« prétendue ordonnance sur le fait des chasses que contre ceux
« qui l'ont distribuée et débitée et procéder contre eux suivant
« et au désir de nos ordonnances, conformément audit arrêt.
« Commandons au premier des huissiers de nos conseils ou
« autre huissier ou sergent, sur ce requis, de signifier ledit arrêt
« à tous qu'il appartiendra à ce qu'il n'en prétend cause d'igno-
« rance, et faire pour son entière exécution tous autres significa-
« tions, commandements, sommations, actes et exploits à ce
« requis et nécessaires sans autre permission. Voulons que ledit
« arrêt soit publié et registré en la communauté des libraires et
« imprimeurs, à la diligence des syndics et adjoints de ladite
« communauté, à ce qu'aucun n'en ignore; et qu'aux copies
« d'iceluy et des présentes collationnées par l'un de nos amis et
« féaux conseillers et secrétaires, soit ajoutée comme aux origi-
« naux. Car tel est votre bon plaisir.
« Donné à Saint-Germain-en-Laye, le 4 mars 1669. »

Mais c'était à cette époque comme de nos jours.

Plus une loi est rigoureuse, plus on cherche à la tourner.

Au XVIII⁰ siècle, le peuple était fort friand de ces placards ou de ces affiches anonymes qui censuraient les fautes du pouvoir et plaisantaient l'autorité.

On affichait donc partout et quand même.

Lors vint un autre édit du roi, de 1685, portant encore des mesures restrictives contre les afficheurs clandestins.

Or, comment ces derniers posaient-ils leurs placards sur les murs ?

Mercier, dans son *Tableau de Paris*, va nous l'apprendre :

Un homme chargé d'une grande hotte, en la reposant, s'arrêtait sur une borne contre laquelle il restait appuyé, la hotte toujours sur le dos et l'air fatigué. Pendant ce temps, un petit garçon. accroupi dans le fond de la hotte, n'avait qu'à passer les deux mains pour plaquer contre la muraille l'affiche enduite de colle aux deux rebords. Il se renfonçait bien vite en se voilant la tête. et l'homme de partir à pas lents, laissant l'écrit à la vue des curieux.

Le gamin de Paris se moquait ainsi du Roi-Soleil, et La Reynie se morfondait à propos de hottes.

CHAPITRE V

Nous en resterons là avec l'affichage officiel. le seul affichage, en somme, qui ait existé jusqu'au XVIIIe siècle.

Sous la régence, la manie des spéculations fit recourir aux affiches. On ne connaissait pas encore la *Cote de la Bourse*. et Law instruisait le peuple, par des affiches, du cours de ses actions.

Mais ce qui donna le plus grand essor à l'affichage, ce fut une question religieuse.

En effet, Paul Lacroix nous apprend que la discorde régnait à cette époque dans le clergé à cause de la bulle *Unigenitus*. Les adversaires de la bulle, réduits au silence par la police, ne laissaient pas que d'imprimer clandestinement des milliers de pamphlets : l'émission ne pouvant s'en faire que par voie détournée. on imagina d'y employer l'industrie des afficheurs. Ce corps de métier, improvisé en quelque sorte par la nécessité du moment, se recrutait parmi des vauriens sans feu ni lieu ; bien des batteurs de pavé ne sachant pas leurs lettres avaient pris le pot à colle et la brosse. Pour peu d'argent, les uns par audace, les autres par ignorance, consentaient facilement à se charger de placards diffamatoires dont ils couvraient les murs pendant la nuit.

Donc, clandestine ou non, l'industrie des afficheurs était créée, et bientôt ils eurent une existence officielle, et c'est encore Mercier, dans son *Tableau de Paris*, qui nous les fait connaître plaisamment :

« Ils sont quarante, dit-il, ainsi qu'à l'Académie française, et pour une plus grande similitude, aucun afficheur ne peut être reçu s'il ne sait lire et écrire. On dispense l'afficheur de tout autre talent, ainsi qu'il arrive dans l'illustre compagnie. Ils ont à la boutonnière une plaque de cuivre : ils portent une petite échelle, un tablier, un pot à colle et une brosse. Ils affichent, mais ils ne s'affichent point. Les quarante immortels n'ont pas toujours cette sage modestie.

« Un afficheur est l'emblème de l'indifférence. Il affiche d'un visage égal le profane, le sacré, le juridique, l'arrêt de mort, le chien perdu ; il ne lit jamais, de ce qu'il plaque contre les murailles, que la permission du magistrat. Dès qu'il voit ce visa, il afficherait sa propre sentence.

« Tel qui a affiché la Comédie et l'Opéra n'y a jamais mis les pieds. Quand ils ont mis la lettre du côté de la rue et qu'elle est bien droite, ils la contemplent d'un air de satisfaction et s'en vont.

« Il leur est défendu de mettre aux portes et sur les murs des églises et monastères des affiches de comédie, romans et livres profanes ; mais le titre en est quelquefois équivoque,

UN AFFICHEUR ROYAL

Fig. 11. — Tiré des *Cris de Paris*, de Bouchardon.

et les colonnes des temples sont tolérantes : elles reçoivent paisiblement ce que l'afficheur leur applique. »

O tempora, ô Morris !

Nous terminons cette partie consacrée à l'affichage en citant deux spécimens fort curieux des affiches du xviiie siècle ; ces affiches, d'ailleurs fort connues, appartiennent aux genres militaire et pharmaceutique : nous les copions dans l'ouvrage d'Émile Mermet.

La première fut collée en 1766 sur les murs de la ville de Noyon par le recruteur du régiment de La Fère ; elle est devenue classique !

AVIS A LA BELLE JEUNESSE

ARTILLERIE DE FRANCE — CORPS ROYAL

Régiment de la Fère. — Compagnie Richoufftz

De par le Roy :

« Ceux qui voudront prendre party dans le corps royal de
« l'artillerie, régiment de La Fère, compagnie de Richoufftz,
« sont avertis que le régiment est celui des Picards. L'on y
« danse trois foys par semaine, on y joue aux battoirs deux foys,
« et le reste est employé aux quilles, aux barres, à faire des
« armes. Les plaisirs y règnent : tous les soldats ont la haute
« paie, bien récompensés de places de gardes d'artillerie, d'offi-
« ciers de fortune à soixante livres d'appointement.

« Il faut s'adresser à M. de Richoufftz, en son château de
« Vauchelles près Noyon, en Picardie. Il récompensera ceux qui
« lui amèneront de beaux hommes. »

Voici maintenant la seconde affiche émanant d'un sieur Laurent de La Roche, qui nous paraît avoir été un habile précurseur du sympathique pharmacien de Sainte-Menehould ou mieux encore du terrible Vicat :

Oyez donc :

« Par permission et privilège du roy, le public sera adverty
« que l'on vend à Paris un petit sachet, de la grandeur d'une
« pièce de quinze sols, pour garentir toutes sortes de personnes
« de la vermine et en nettoyer ceux qui en sont incommodés,
« sans mercure.
« Il faut que chaque personne le porte toujours sur soy,
« attaché au col de sa chemise ou ailleurs, touchant la chair. Il
« n'apporte aucune incommodité, ni mauvaise odeur. Le portant
« ainsi, l'on n'aura jamais de vermine à la teste, ny ailleurs, et
« quelque quantité que l'on en ayt, l'on est nettoyé dans trois
« semaines au plus tard ; et que l'on mette un desdits sachets
« en prenant un habit neuf et une chemise blanche, et que
« l'une et l'autre pourrisse sur le corps sans les changer ni oster,
« d'un ou l'on n'en aura aucun, quand même le corps les engen-
« drerait naturellement ainsi que le roy a esté informé de cette
« vérité par la grande épreuve qui en a esté faite sur quinze cens
« pauvres de l'hospital général de Paris, comme il est justifié
« par l'arrest du Parlement et certificat cy après. Il le faut le re-
« nouveller tous les ans, et pour six sols par an l'on est garanty
« de la plus grande misère que souffre le corps humain. Il est
« marqué de deux chiffres pour éviter que l'on ne le contrefasse
« pour tromper le public. L'on y vend aussi une tablette qui a
« la vertu, par son parfum, une fois par an, sans mauvaise
« odeur, de garantir chaque chambre, tant des maisons que des
« navires, des puces et punaises pendant un an. L'on le vend
« trois livres la pièce. L'on donnera l'instruction de s'en servir. »

— Ajoutez à cette vieille affiche une phrase : « Traitement facile à suivre en secret, même en voyage... » et vous pourrez vous croire en présence d'un prospectus moderne.

Mais nous ne saurions clore ce chapitre des affiches commerciales sans dire un mot des affiches théâtrales: empruntons encore au *Tableau de Paris* :

« Les affiches de spectacles ne manquent point d'être appli« quées aux murailles dès le matin : elles observent entre elles
« un certain rang : celles de l'Opéra dominent toutes les autres :
« les spectacles forains se rangent de côté comme par respect
« pour les grands théâtres. Les places pour le collage sont
« aussi bien observées que dans un cercle de gens du monde...
« Les affiches mondaines et coloriées regardent de loin les
« affiches pieuses et sans couleur qui s'éloignent, pour ainsi dire
« autant qu'elles le peuvent, de l'assemblée profane : mais quel« quefois il n'y a que dix pieds entre l'affiche qui annonce
« *Mahomet* et celle qui met en vente la science du *Crucifix...* »

Affiches mondaines et coloriées, dit Mercier; c'étaient les premiers éléments de ce genre aujourd'hui à son apogée et dans lequel se sont illustrés les Raffet, les Tony-Johannot, les Lanteuil, les Daumier, les Chéret et les Guillaume, que nous retrouverons dans le second volume de cet ouvrage.

CHAPITRE VI

POUR en finir avec les affiches et ne plus revenir sur ce sujet, nous dirons qu'en 1789 l'Assemblée constituante ordonna de réserver une place spéciale pour l'affichage des lois et des actes de l'autorité publique, et défendit aux particuliers de faire imprimer leurs affiches sur papier blanc (décret du 28 juillet 1791).

Divers autres décret relatifs à la police des lieux permirent en outre aux municipalités de régler le mode et les conditions de l'affichage, et la jurisprudence a reconnu la légalité des arrêts par lesquels l'autorité municipale subordonnait toutes les affiches à son autorisation et à son visa préalables. Un arrêté du gouvernement provisoire du 7 avril 1861 défendit d'apposer à Paris aucun placard ou affiche sans le visa préalable de la préfecture de police.

Après la Révolution de juillet, les Chambres établirent une distinction entre la publicité de la presse et celle des affiches ; elles déclarèrent que la liberté des affiches politiques impliquait la reconnaissance du droit d'attroupement, et qu'il y avait entre le droit de publier ses idées et

celui de les afficher la même différence qu'entre le droit de
parler et le droit d'agir. En conséquence, la loi du 10 décembre 1830 prohiba, d'une manière absolue, tout placard
ou affiche ayant trait à la politique sous peine d'une
amende de 25 à 500 francs, et d'un emprisonnement de
six jours à un mois. Un arrêt du gouvernement provisoire
de 29 février 1848, alléguant que « la circulation des écrits
fournissait aux ennemis du peuple des armes très dange-
reuses », déclara passible des peines les plus sévères quiconque serait surpris affichant ou distribuant des écrits sans
nom d'imprimeur. Un autre arrêté du 25 juin 1848
défendit, jusqu'au rétablissement de la tranquillité, toutes
affiches traitant de matières politiques et n'émanant pas de
l'autorité. C'étaient là des mesures de circonstances, et le
second empire, se trouvant suffisamment armé par la loi de
1830, ne tenta pas de les appliquer ou de les faire revivre.
Il laissa même subsister l'article 2 de loi du 21 avril 1849,
permettent l'affichage, sans autorisation municipale, de tous
écrits relatifs aux élections, après dépôt au parquet, pendant
les quarante-cinq jours précédant les élections générales.
L'expérience a montré que ces affiches et placards électoraux
n'avaient jamais troublé la sécurité publique; d'autre part,
les dispositions prohibitives de la loi de 1830 paraissaient
tomber en désuétude, lorsque, pendant le régime du 16 mai,
en septembre 1877, plusieurs tribunaux trop zélés crurent
devoir les appliquer.

La loi du 29 juillet 1881, sur la liberté de la presse,
malgré les retouches opérées en février 1893, a prononcé

l'abrogation formelle de toutes les dispositions antérieures relatives à l'affichage, enlevé aux municipalités tout droit de réglementation et proclamé la liberté absolue en cette matière.

Cette loi traite assez longuement des affiches de l'autorité et des affiches électorales : nous n'en avons cure. Quant aux affiches particulières, cette même loi de 1881 énonce qu'elles peuvent être librement opposées sans déclaration préalable. Elles doivent être imprimées sur papier de couleur. mais les affiches manuscrites peuvent être faites sur papier blanc. Imprimées, lithographiées ou manuscrites, elles sont soumises au timbre, la loi sur la liberté de la presse n'ayant pas abrogé les dispositions antérieures ayant un caractère purement fiscal. Le timbrage a lieu soit par l'apposition de timbres humides. soit par l'application de timbres mobiles (loi du 30 mars 1880).

La destruction des affiches n'entraîne plus la peine de mort. La lacération des affiches de particuliers ne constitue même pas une contravention ; elle peut seulement donner lieu à une action en dommages-intérêts devant les tribunaux civils.

Quant aux affiches théâtrales, nous les avons laissées en pleine génèse au XVIII° siècle. A partir de 1789, elles commencèrent à prendre la tournure actuelle. Ce fut, du reste, par une ordonnance administrative de 1789 que la Comédie-Française fut obligée de faire connaître chaque jour, par une affiche, les noms des acteurs qui devaient jouer dans le spectacle annoncé. Encore la Comédie ne s'y résigna-

t-elle pas sans difficulté, et ne le fit-elle qu'après avoir inutilement réclamé contre une mesure qu'elle considérait
comme très fâcheuse et contraire à ses intérêts. Le raison-

Fig. 12. — Affiche théâtrale du XVIIIᵉ Siècle.

nement mis par elle en avant était que, lorsque l'affiche ne
nommait personne, le public pouvait toujours croire qu'il
verrait les premiers sujets de la troupe; mais, lorsqu'on

serait obligé d'avertir qu'un ou plusieurs rôles importants seraient tenus par des doublures. le spectateur. prévenu, se garderait de venir au théâtre, se réservant pour une meilleure occasion.

Mais le public, qui voulait en avoir pour son argent, protesta et finalement eut gain de cause.

La Comédie dut faire afficher son spectacle et le nom des artistes. et peu à peu les autres théâtres furent obligés de suivre cet exemple.

Nous donnons à ce sujet un curieux spécimen d'une *affiche théâtrale* (fig. 12) qui peint entièrement les mœurs du temps au xviiiᵉ siècle et nous apprend, avec le prix des places, l'heure d'ouverture, voire l'exclusion des domestiques, etc. C'est l'affiche du *Mahomet Iᵉʳ*, cette tragédie fameuse que Voltaire dédia au pape Benoît XIV.

Chaque théâtre alors, comme aujourd'hui encore, avait adopté une couleur d'affiche particulière : les affiches étaient rouges pour l'hôtel de Bourgogne, vertes pour l'hôtel de la Mazarine et jaunes pour l'Opéra. Les affiches avaient tout au plus 30 × 50 de dimension ; elles ont changé depuis.

De nos jours, c'est la maison Morris qui a centralisé tout le service des affiches théâtrales.

Cet imprimeur non seulement compose les affiches, mais il se charge de les placer en bon lieu et de les changer quotidiennement sur les colonnes spéciales dont il est propriétaire, nuançant les couleurs et les formes, disposant les grands et petits formats dans un ordre technique où se marient le jaune de l'Opéra, le marron-clair de la Comédie-

Française. le rouge de la Gaîté, le vert de l'Opéra-Comique, le bleu du Palais-Royal : nous reviendrons, du reste. plus tard. sur cet affichage du xix⁰ siècle.

Tel est l'historique de la publicité ouverte des *anciennes affiches* : en attendant que nous attaquions les *modernes*.

CHAPITRE VII

U N des modes de publicité qui a pris le plus d'extension en France depuis un siècle est certainement le « catalogue ».

Catalogues de magasins de nouveautés, de ventes d'objets d'art, de pharmaciens, d'épiciers, d'eaux minérales, de marchands de bois et charbons, de bottiers, d'armuriers, etc., etc.

Tous les corps de métiers, toutes les œuvres d'art ont aujourd'hui *leurs catalogues*.

Cependant, la corporation qui use le plus de ce mode de publicité est encore, à coup sûr, celle des libraires ; nous allons le prouver.

Nos recherches en ce sens auraient été longues et difficiles pour ce qui concerne la période ancienne, la seule qui nous occupe en ce moment, si nous n'avions eu l'heureuse chance de rencontrer un curieux opuscule de M. Léopold Delisle, l'éminent directeur de la Bibliothèque nationale, où se trouve étudiée savamment cette question des *Catalogues d'imprimeries* dans un opuscule intitulé : *Une Réclame de la librairie parisienne chez Marnef* : cet opuscule, qui a été publié en février 1893 dans le *Bulletin de la Société de l'Histoire de Paris et de l'Ile-de-France*, à sa

place marquée dans cet ouvrage consacré à la publicité de
nos pères. Nous le publions donc, bien persuadé qu'il sou-
lève un point curieux de la vieille réclame :

— Les premiers imprimeurs ont employé les principaux
moyens de publicité qui sont en usage de nos jours. Ils
avaient des catalogues. en forme d'affiches, pour annoncer les livres qu'on pouvait se procurer soit dans la ville
où ils étaient fixés. soit dans les localités où ils colportaient ou faisaient colporter les produits de leurs ateliers,
M. W. Meyer, aujourd'hui professeur à l'Université de
Gœttingen. a publié, en 1885. un très curieux recueil (1)
d'annonces de libraires du xve siècle. et notamment le fac-
similé d'un exemplaire des prospectus que distribuaient.
vers l'année 1470. les commissionnaires chargés de placer
les livres imprimés à Mayence par Pierre Schoiffer (2). On
voit. exposé à la Bibliothèque nationale, dans la Galerie
Mazarine (3), un catalogue-prospectus des livres de Jean
Mentelin, de Strasbourg, imprimé vers l'année 1473. Nous
devons encore citer les grands placards des Alde, dont la
Bibliothèque nationale possède des exemplaires et que notre
confrère M. Omont a fait récemment reproduire, en hélio-
typie. à la librairie Bouillon (4).

---

1. — Bücheranzeigen des 15 Ten Jahrhunderts. — Separatabdruck aus
dem Centralblatt für Bibliothekswesen. — Leipzig, 1885, in-8 de
27 pages.

2. — Ce prospectus a été reproduit dans la Bibliothèque de l'Ecole
des Chartes. année 1885. p. 725.

3. — Nº 72 de l'Exposition.

4. — Catalogue des livres grecs et latins imprimés par Alde Manuce
à Venise 1498, 1503, 1513), reproduits en phototypie, avec une préface par H. Omont. — Paris, 1892, gr. in-fol.

Un procédé de publicité, beaucoup moins connu, consistait à imprimer de petits billets, qu'on distribuait dans les lieux de réunion ou sur la voie publique, pour indiquer la boutique où se vendait le livre qui, en raison d'une circonstance d'actualité, comme on dirait aujourd'hui, paraissait devoir intéresser une catégorie de lecteurs.

Tel est ce petit billet, dont un fac-similé doit trouver place ici :

ÆTHICA ARISTOTELIS SECUNDUM VETEREM TRANSLATIONEM A MAGISTRO PETRO TARTARETO : QUI EA CRASTINO DIE IN COLLEGIO REMENSI INTER-PRETATURUS EST : DILIGENTER RECOGNITA. VENALIA SUNT IN PELICANO VICI SANCTI JACOBI.

Ce billet a été trouvé dans une ancienne reliure par M. Claudin, dont l'obligeance égale l'érudition bibliographique et qui a bien voulu en faire hommage à la Bibliothèque nationale.

Les écoliers de l'Université de Paris, auxquels se distribuait le billet dont il est ici question, étaient avertis que l'ancienne traduction des Ethiques d'Aristote, revue par maître Pierre Tartaret (1), et sur laquelle ce professeur devait faire sa leçon le lendemain au collège de Reims, était en vente dans la rue Saint-Jacques, au Pélican, c'est-à-dire chez les Marnef.

---

1. — On trouve ce nom sous les deux formes *Tartaret* et *Taterel*.

Anglebert et Geoffroi de Marnef avaient publié, avant l'année 1496, une édition des *Morales* d'Aristote, enrichie des commentaires de Pierre Tartaret. Fosse Bade la mentionne expressément dans une épître qu'il adressa, le 15 mars 1496 (sans doute de l'ancien style), à Anglebert et Geoffroi de Marnef, pour vanter le service qu'ils rendaient aux gens d'étude, en imprimant, avec leur soin habituel, les observations de Pierre Tartaret sur les Éthiques d'Aristote. En voici le texte (1).

« Jodocus Badius Ascensius, Angleberto et Godefrido de Mar-
« nef, viris optimis et librariorum diligentissimis amicisque pre-
« cipuis, salutem, plurimam, etc. Tametsi viri integerrimi,
« vestram impremendis libris diligentiam, studiosissimo cuique
« deosculandam venerandamque, compluribus de causis mortales
« fateantur omnes, ea tamen ratione, preter ceteros istius artis
« studiosos, observandi comprobamini quod non ludicra aut
« vana aut deliciosis ac lubricis duntaxat auribus accommodata
« in lucem proditis, sed ea precipue que ad bonos mores, laudata
« instituta ac honestam vitam conferunt quam plurimum, qualia,
« ut cetera taceam, sunt Aristoteiis facile principis Ethica, que
« pridem a vobis tersissime impressa, nunc uti accepimus, cum

1.—Plusieurs phrases de la même lettre sont passées dans l'avertissement mis en tête d'une autre édition des *Questiones magistri Petri Tatereti*, dont la souscription finale se termine par les mots : « Empresse Parisius, pro Johanne Frellon, anno Domini 1512, die vero XI, mensis octobris », in-8 de 80 feuillets. Bibliothèque Mazarine, recueil d'opuscules côté 24827. — Je me suis servi du texte de l'édition de 1512 pour corriger quelques passages de la lettre du 15 mars 1496 (sans doute 1497, n. st.). — La lettre de Fosse Bade se trouve avec quelques variantes en tête de l'édition des *Questiones magistri Petri Tatereti*, publiée à Rouen, en 1498, pour Robert Macé, de Caen, édition dont je connais deux exemplaires, l'un à la bibliothèque de Rouen, l'autre dans le cabinet de M. Claudin.

« doctissimi atque argutissimi viri magistri Petri Tatereti expla-
« nationibus coimprimenda constituistis. Ad quam rem, quan-
« tum classicis nostris valemus, vos cohortamur, immo, si fas
« est. compellimus. Nec quemquam latet quanta sit in ejusmodi
« rebus Tatereti nostri experientia, quippe cujus ingenii acumen
« et doctrine integritas toti Parisiorum gymnasio jam pridem
« sunt notissima. Nobis autem hinc ortum est ejus operis haud
« mediocre desiderium, quod sane bonam partem his diebus
« perlegimus, in qua quidem parte que prima miremur haud
« facile dixerimus. Nam preter sententiarum pondera, explana-
« tionis diligentiam, textùs Aristotelici annexionem, operis ab
« auctore ipso castigationem, etiam seriei exactam rationem de-
« mirari liceat. Singulis enim questionibus binas annotationes
« et singulas conclusiones subjunxit. Accedet preterea, ut certo
« scimus, vestra in imprimendo solita accusatio atque vigilantia.
« Quibus de causis opus ipsum, quamplurimis carum et gra-
« tum, vobis etiam lucrosum fore nichil moramus. Quid enim
« optatius aut commodius divini verbi declamatoribus at ho-
« neste (1) vite predicatoribus contingere possit ac Ethicorum
« Aristotelis, cum tam perspicua moralium questionum decisione.
« declaratio ? De qua si quod sentimus dicere licet, eam opi-
« nionem habemus ut circa sanctas litteras nichil ad populum
« erudiendum moresque dirigendos secundius aut accommodius
« excogitari queat. Pergite itaque, de bonis moribus quam optime
« meriti, et Tartereti lucubrationes quales eas ab ipso artifice
« suscipietis quam primum et quam correctissimas imprimites.
« Ascensiique vestri amicam, non as permini sententiam. Hec
« sunt que vos nonuisse volumus, Valete, viri optimi. Baptissime.
« Parisiis, ad idus martii anni hujus M. CCCC. XCVI (2). »

Cette lettre se trouve en tête d'un volume imprimé à

---

1. — L'imprimé porte « hone ».
2. — Dans l'édition de Rouen, la lettre est ainsi datée : « Raptissime.
Rothomagi, ad kalendas marcias anni hujus. M. CCCC. XCVII. »

Paris par Jean Lambert pour Denis Roce, et dont les différents titres sont ainsi conçus :

Titre principal, sur le premier feuillet :

« Questiones magistri Petri Tatereti super | sex libros Ethico-
« rum Aristotelis (Marque de Denis Roce). — Venales reperiuntur
« in vico sancti Jacobi ad || intersignium divi Martini, in domo
« Dyonisii Roce. »

Titre de départ, au haut du feuillet *a* 3 :

« Questiones perutiles ma || gistri Petri Tatereti super || sex libros
« Ethicorum Aristo || telis (sic), cum textu ejusdem Ari || stotelis
« notiver copulacte, per | eundem cum summa diligen || tia
« castigate. »

Titre final. au verso du feuillet *g* 5 :

« Hic desinunt Ethicorum questiones bre || ves ac perlucide
« super sex libris artis || ethice, ex officina magistri Petri || Tate-
« reti excellenti doctrina viri sacre || theologie professoris acutis-
« simi prole || cte, qui quidem textum Aristotelis singulis in ||
« locis, prout decens erat, interseruit. Impres || sum per Johanem
« Lambert: pro Dyo || nisio Rose, commorante in vico san || cti
« Jacobi, ad intersignium divi Mar || tini ».

Le volume ainsi intitulé consiste en 54 feuillets in-quarto, à deux colonnes, d'une impression gothique (Bibliothèque nationale, Réserve, D. 4901 /2).

Ce volume n'est assurément pas celui auquel Josse Bade fait allusion dans sa lettre du 15 mars 1496 et dont je n'ai point encore reconnu d'exemplaire ; mais on peut se faire une idée du livre qu'on engageait les étudiants à aller chercher dans la maison des Marnef, en jetant les yeux sur

un petit volume in-quarto qui contient les leçons de Pierre
Tarteret et qui porte la marque des Marnef. Il est intitulé :

Au commencement :

« Questiones morales ‖ magistri Petri Tatereti in octo capita
« distincte, ‖ et quam doctissime ab eodem disputate atque
« discusse ‖ nec segniter adnotate (Marque des Marnef). Venun-
« dantur Parrhisiis, in regione divi ‖ Jacobi, sub Pelicano, ante
« edem divi Yvonis. »

A la fin (fol. 41) :

« Petri Tartareti in sacra pa ‖ gina doctoris profundissimi,
« Re ‖ gule morales, impresse Parisius, pro Gaufrido de Marnef,
« commorante ‖ ad intersignium Pellicani vici san ‖ cti Jacobi,
« paope Divi Yvonis edem ‖ sacram, anno Gomini millesimo
« quin ‖ gentesimo quarto, die vero octa'va mensis augusti,
« finiunt feliciter. »

Ce livret de 56 feuillets in-quarto, à deux colonnes, en
caractères gothiques, s'ouvre par une dédicace que Josse
Bade adressa, le 9 août 1504, à Aymon de Montfalcon,
évèque de Lausanne. On y voit quels succès Pierre Tarteret
avait obtenu à l'Université ; nous y apprenons aussi qu'il
venait de s'éloigner de Paris, peut-être pour se retirer
auprès de son patron l'évèque de Lausanne :

« Longe reverendo in Christo patri et principi illustrissimo
« domino Aymoni de Mon'e Falcone, Lausannensi episcopo et
« Gebenens ecclesie moderatori prudentissimo, litterarum aman-
« tissimus, jureconsultorum peritissimo et precipuo pauperum
« presidio templorumque instauratori, Jodocus Badius Ascensius,
« verbis magistri Petri Tatereti, salutem et cum omni obser-
« vantia felicitatem dicit. »

« Cum magister noster magister Petrus Tateretus, dialectico-
« rum facile argutissimus et theologie cum primis doctus mo-
« ralisque philosophie longe doctissimus hinc istud profecturus,
« presul prestantissime, questiones et disputationes quasdam
« socraticas, utpote de moribus habitas in scriniis suis dereli-
« quisset, quas celeberrimo et faustissimo nonimi tuo destinatas
« ac debitas libera professione, priusquam proficisceretur, attes-
« tatus erat, easque studiosi morum, qui partem delibaverant,
« quotidiana fere efflagitatione in lucem emittendas expostula-
« rent neque longiorem dilationem equo animo paterentur,
« rogatus ab his quorum fidei concredite erant eas tue prestantie
« nuncuparem minus obivi libentissimus, quod scirem eas et
« tua lectione non indignas et ob autoris in te observantiam
« beneficentissime paternitate tue fare quam jucundissimas,
« presertim cum ille id toutopere efflagitaverit, asserens tuo se
« nomini debere omnia. Proinde, virorum prestantissime, has
« morales lucubraciones qua benivolentia magistrum nostrum
« complecti soles suscipias rogamus, tametsi eas parcius lauda-
« mus, quod, ut aiunt, non sit opus excellenti vino ut vendatur
« hedera, simul quod solius autoris gloria satis evadant com-
« mendate ; tantum ab dignitate tua, presul optime, exoratum
« meque in dedititiorum tuorum gregem, nisi grave sit, ascrip-
« tum volui. Vale, dulce litterarum litteratorumque presidium.
« Ex edibus nostris Parrhisiis, quinto idus augusti anni hujus
« millesimi quingentesimi quarti (1). »

Le billet découvert par M. Claudin va prendre place
dans la Réserve du département des Imprimés sous la cote

---

1. — Cette préface se trouve aussi en tête d'une autre édition des
« Questiones morales magistri Petri Tatereti », dont la souscription
finale contient ces mots : « Impresse Parisius, in intersignio speculi,
juxta collegium Lombardorum, expensis honestorum virorum Johan-
nis Frellon et Gaufridi Hamelin, in vico Mathurinorum commoran-
tium, anno Domini 1509, die vero XXVII augusti. » Petit volume
in-8° de 74 feuillets, caractères gothiques. Il y en a un exemplaire à
la bibliothèque Mazarine, n° 258 des livres du xv° siècle.

p. Q. 69. A ce petit document, qui nous révèle un usage des vieux libraires parisiens et un détail de la vie universitaire au commencement du xviᵉ siècle, il ne pouvait être donné de meilleur commentaire que les deux épitres de Josse Bade relatives aux travaux de Pierre Tartaret. C'est une occasion de recommander à l'attention de la société les innombrables morceaux de prose et de poésie latine qui ont été semés dans des centaines de volumes par Josse Bade : cet humaniste si actif et si distingué, qui fut la gloire de la librairie et de l'imprimerie parisienne sous les règnes de Louis XII et de François Iᵉʳ.

Nous avons cité textuellement l'article scientifique de M. Léopold Delisle, car il ne faut point porter une main profane sur ces recherches scientifiques. Allonger ou émonder ne vaut.

Ceux qui voudront comparer ce curieux spécimen des catalogues du xvᵉ siècle aux catalogues actuels trouveront un progrès sensible.

Il est vrai que ces vieux catalogues coûtaient quelques sols aux imprimeurs. tandis que le prix des catalogues de la collection Spitzer — pour ne citer que cet exemple — se chiffre par centaines de mille francs.

CINQUIÈME PARTIE

CHAPITRE PREMIER

LES CHRONIQUEURS ET LES GAZETTIERS AU MOYEN AGE

Nous avons donc, avant d'arriver au journal, type de la publicité actuelle, étudié tous les genres de publicité du vieil âge : tables, parchemins, affiches, crieurs, etc. Mais le journal, le journal dont Renaudot semble être le créateur et la *Gazette de France* le spécimen, n'a-t-il pas existé chez nous avant le xvii* siècle ?

Nous avons vu les affiches venir en France à la suite des affiches romaines.

Or, d'après V. Leclerc, que nous avons cité, le journal existait chez les Romains ; ne se serait-il pas glissé en France comme les affiches, à la suite de l'invasion des Gaules ?

En France, au moyen âge, il y avait peu de relations entre les diverses provinces et peu de cohésion entre les villes de la même région ; par suite, aucune communication littéraire.

Les premiers journalistes furent des chroniqueurs, et c'est au xv⁰ siècle seulement que nous les voyons apparaître : le *Journal d'un bourgeois de Paris* (1409-1449), les *Mémoires de Jacques du Clercq* (1448-1468), la *Chronique scandaleuse de Jean de Troyes* (1461-1481), qui sont les premiers exemples à citer...

Après ces chroniqueurs vinrent les poètes, et c'est ainsi que nous trouverons dans les *Faictz et dictz de maître Jehan Molinet* (Paris, 1540) une pièce qui contient tous les événements historiques qui eurent lieu de 1428 à 1498, c'est-à-dire jusqu'à la mort de Charles VIII.

Elle commence ainsi :

> Qui veult ouyr nouvelles
> Estranges à compter,
> Je scay les nonpareilles
> Qu'homme scaurait chanter
> Et toutes advenues
> Depuis longtemps en ça
> Je les ai retenues
> Et scay comment il va.

Nous y trouvons, toujours en vers, *un filet* sur la découverte de l'imprimerie et celle de l'Amérique.

> J'ai veu grant multitude
> De livres imprimés
> Pour tirer en estude
> Povres mal argentez ;
> Par ces nouvelles modes
> Aura maint escolier
> Décret, bibles et codes
> Sans grand argent bailler.

.*.

> J'ai vu deux ou trois isles
> Trouvées en mon temps
> De chucades fertiles,
> Et dont les habitants
> Sont d'estranges manières,
> Sauvages et velus.
> D'or et d'argent minières
> Voit-on en ces pallus.

Chroniqueurs, gazettiers, poètes et troubadours, voilà le moyen âge littéraire.

Comment naquit le journal ?

Dans son *Histoire de la presse en Angleterre*. Cucheval-Clorigny va nous l'apprendre :

La controverse religieuse, si ardente au XVIᵉ siècle, avait trouvé dans l'imprimerie un instrument à la fois et un aliment. Les gros livres trop longs à écrire, trop longs surtout à lire, firent place aux petits traités courants, qu'il était facile de répandre.

Les traités eux-mêmes furent supplantés par les manifestes, les proclamations, les satires imprimés sur des feuilles isolées et habituellement d'un seul côté, qu'on obtenait à bon marché, qu'on se passait sous le manteau et qu'au besoin on affichait pendant la nuit. Les partis, pour enflammer le zèle ou soutenir l'ardeur de leurs adhérents, faisaient imprimer et distribuer la relation des avantages qu'ils avaient obtenus. C'est par des circulaires de ce genre, cachées dans la selle d'un cheval, dans la doublure d'un

manteau de voyage. que les protestants de France affirmaient
les victoires de leurs coreligionnaires d'Allemagne, et ceux-
ci se servaient à leur tour du même moyen. L'usage devint
bientôt général d'imprimer sur des feuilles séparées et de
vendre à bas prix les relations de tous les événements remar-
quables. de tous les faits propres à affriander les lecteurs.
On devait être naturellement conduit à réunir plusieurs
événements sur la même feuille ou dans le même cahier.
et le jour où l'industrie d'un homme, encouragée par la
curiosité croissante du public. donnerait un titre uniforme
à ces feuilles volantes, établirait entre elles un ordre de suc-
cession et leur assignerait un retour périodique, la gazette.
le *journal* serait créé.

Le journal naquit presque simultanément et sous l'influence des mêmes causes, en France, en Angleterre et en
Hollande. au commencement du xvii° siècle.

Si l'on en croyait un article de M. Sichel, publié dans
l'*Athenæum français* de 1854. l'Allemagne aurait à la priorité du journal des droits mieux fondés encore; sans ajouter
grand crédit à cet article, nous le citerons, car il semblerait
prouver que c'est à la publicité que les *journaux* doivent
leur origine :

A l'époque où le gouvernement de Venise publiait les
Notizie scritte, les grandes maisons de commerce de l'Allemagne commençaient déjà à faire multiplier par des copies
et à échanger leurs rapports commerciaux, afin de se tenir
au courant des événements politiques de nature à influen-
cer les affaires. Parmi ces relations écrites, qui représente-

raient les premiers essais du journalisme, celles qui furent rédigées à Augsbourg, sous les auspices de la maison des Fugger, prenaient à la fin du xvie siècle une forme et une étendue qui les rapprochaient déjà de nos journaux modernes.

Presque tous les jours, il paraissait un numéro sous le titre de *Ordinari Zeittungen* et, à côté d'eux, des suppléments, *Extraordinari Zeittungen*, avec les nouvelles les plus récentes.

Le prix d'un numéro ou d'un supplément était, à Augsbourg même, de 4 kreutzers ; toute l'année, y compris les frais de distribution à domicile, se payait 25 florins, et les *Ordinari*, seuls, 14 florins. Une collection de ces journaux d'Augsbourg, qui embrasse les années 1568-1604, a été conservée à la Bibliothèque de Vienne et présente une source très précieuse pour l'histoire de cette époque.

L'abondance des nouvelles contenues dans cette publication s'expliquerait par les rapports très étendus de la maison Fugger. Elle avait des agents dans toutes les parties du monde et entretenait une correspondance quotidienne avec toutes les grandes maisons de commerce. Les affaires de change et d'emprunt lui faisaient jouer un rôle important dans le monde politique et la mettaient en rapport avec beaucoup de gouvernements, avec nombre d'hommes d'État et de parti. Enfin, elle s'était assuré, par de nombreux services, l'affection des jésuites et recevait fréquemment de cette société, qui commençait à se répandre sur le monde entier, des communications confidentielles.

L'histoire de l'Orient de l'Europe occuperait surtout une grande place dans l'histoire de ces journaux ; grâce aux jésuites, ils avaient de temps en temps des nouvelles d'outre-mer, de la Perse, de la Chine, du Japon, de l'Amérique. Les correspondants se seraient aussi envoyé des nouvelles littéraires, annonçaient les livres curieux et en donnaient des extraits. La représentation d'une nouvelle comédie y serait souvent mentionnée. Les rapports sur la récolte y étaient très fréquents, de même que les tableaux du prix du blé et d'autres denrées. Enfin il n'y aurait pas jusqu'aux *réclames* et aux *annonces* qu'on y rencontrerait de temps en temps : il s'y trouverait un long registre : *Comment et où toutes les choses sont maintenant à acheter à Vienne.*

Voici une cloche et un son : nous n'étonnerons personne en écrivant que les Anglais se disent aussi les inventeurs du journal ou plutôt des *news* (nouvelles), sortes de feuilles volantes qui commencèrent à paraître en Angleterre sous les règnes d'Elisabeth et de Jacques Ier. Les Hollandais réclament aussi la priorité du journal, puis les Italiens, les Hongrois, etc., etc.

Enregistrons tous ces dires pour arriver à mieux constater que ce fut en réalité la France qui donna naissance au premier journal et que Théophraste Renaudot est, quoi qu'on dise, le père des journalistes et de la publicité.

CHAPITRE II

RENAUDOT était né à Loudun en 1584, d'après Hatin, en 1586 d'après d'autres auteurs.

Après avoir étudié la chirurgie à Paris, il se fit recevoir docteur à Montpellier et après différents voyages revint se fixer à Paris en 1612, où dès son arrivée il obtint le titre de médecin du roi.

Au moment où nous écrivons ces lignes, on vient d'élever une statue au premier journaliste français ; le jour de la justice est donc enfin venu pour l'ingénieux et courageux inventeur de la *Gazette*, le fondateur du *Bureau d'adresses*, du *Mont-de-piété* et des *consultations charitables*. Nombre de biographies ont été faites de l'intelligent créateur de la PUBLICITÉ en France ; la meilleure, à notre avis, se trouve dans une plaquette parue il y a une quinzaine d'années sous ce titre : *Théophraste Renaudot*, par le docteur Achille Chéreau, bibliothécaire de la Faculté de médecine de Paris. C'est à cet intéressant opuscule que nous emprunterons partie des lignes qui vont suivre ; nous n'avons pu trouver mieux pour notre sujet.

.*.

Renaudot (fig. 13) était médecin d'une université provinciale, c'est-à-dire qu'il professait des doctrines contraires à celles de l'Université de Paris. Chef du parti de l'antimoine, ami des apothicaires, favori du pouvoir, un seul de ces titres eût suffi pour le rendre à jamais odieux aux docteurs de la rue de la Bucherie. Ce fut bien pis lorsque notre médecin, se laissant entraîner à une alliance considérée comme inouïe, se fit journaliste, prêteur sur gages, trafiquant, tenant boutique ouverte, enregistrant des valets, des terres, des maisons, des gardes-malades, et organisant sur une vaste échelle des consultations charitables sous le couvert desquelles on le soupçonnait fortement de s'entendre avec les apothicaires et les vendeurs de drogues.

Il est intéressant de connaître les premières années de la vie de Renaudot ; écoutons-le, c'est lui qui parle :

« Je n'avais que dix-neuf ans lorsque je pris mes degrés en
« médecine. Mais sçachant que l'âge est nécessaire pour autho-
« riser un médecin, j'employay quelques années, dans les
« voyages que je fis dedans et dehors ce royaume, pour y
« recueillir ce que je trouverais de meilleur en la pratique de
« cet art, que je vins exercer dans Loudun, ma ville natale, où
« je rendis ma jeunesse recommandable par mon assiduité, en
« employant le relâche que me donnaient les malades à de fré-
« quentes anatomies, à la connaissance des simples et à la pré-
« paration des remèdes plus curieux, comme le tesmoignent
« les livres que j'en donnay lors au public... J'exerçai avec un
« applaudissement de mes concitoyens, qu'il n'y eut rien que

Fig. 13. — Portrait de Théophraste Renaudot.
D'après Michel Lesne.
Frontispice du premier Numéro de la *Gazette de France* (1631).

« l'affection qu'ils me portaient qui m'empescha de les quitter et
« venir demeurer à Paris dès l'an 1612 : auquel mes soins parti-
« culiers au secours et traitement des pauvres, par où j'ai com-
« mencé et désir finir de mesme, furent cause de l'honneur qui
« je reçus du Roy d'être mandé expres de cette province éloignée.
« pour seconder la piété de Sa Majesté en ce bon œuvre. Vray
« est qu'ayant esté des mon enfance porté à la recherche des
« inventions utiles au public, et m'estant rencontré du même
« sentiment duquel a depuis esté le R.-P. Coudran, général des
« prestres de l'Oratoire, qu'il y avait quelque méthode plus
« briefve que la commune pour l'instruction des enfans, j'en
« donnai les règle a un mien frère qui la pratiqua en compagnie
« de quelques autres. avec un tel effect, que le profit qu'il en
« rapporta en fort peu de temps surpasse toute créance. »

Il est à croire que les beaux projets que Renaudot devait
mettre à exécution à Paris germèrent dans son esprit à
l'époque où il était encore à Loudun et que ces projets,
notre médecin parvint à les communiquer à Louis XIII,
puisque. comme il le dit, ce prince ou plutôt le cardinal de
Richelieu. non seulement le fit venir exprès à Paris, mais
encore lui fit don de six cents livres pour les frais de son
voyage et lui accorda le privilège exclusif « de faire tenir
bureaux et registres d'adresses de toutes les commodités
réciproques de tous les sujets du Roy. » (*Lettres patentes
du 14 octobre 1612.*)

C'est en l'année 1630 que notre publiciste établit rue
Calandre. en pleine cité et dans une maison portant pour
enseigne éloquente *Au Grand Coq,* son *Bureau d'adresses
ou ae rencontre.* Nul doute qu'il n'ait puisé cette idée dans
Montaigne et qu'il n'ait lu et médité le chapitre XXXIV du

premier livre des *Essais* dans lequel on trouve exprimé, dans un style inimitable, une pensée qui devait avoir des résultats si prodigieux :

« Feu mon père, dit Montaigne, homme qui pour n'estre aydé
« que de l'expérience et du naturel d'un jugement bien net, m'a
« dit autrefois qu'il avait désiré mettre en train, qu'il y eut ès
« villes, certain lieu désigné, auquel ceux qui auraient besoin de
« quelque chose, se pussent rendre et faire enregistrer leurs
« affaires à un officier estably pour cet effet : comme je cherche
« à vendre des perles, je cherche des perles à achepter ; tel veut
« compagnie pour aller à Paris, tel s'enquiert d'un serviteur de
« telle qualité, tel d'un maitre ; tel demande un ouvrier, qui
« cecy, qui cela, chacun selon son besoin. Et semble que ce
« moyen de nous entr'advertir apporterait une légère commo-
« dité au commerce publique. Car à tous coups il y a des con-
« ditions qui s'entrecherchent, et pour ne s'entendre laissent les
« hommes en extrême nécessité. »

Une brochure très curieuse, une espèce de programme qu'il lança dans Paris, va nous montrer comment Renaudot entendait organiser son *Bureau d'adresses et de rencontre.*

Ce programme est dédié à Amador de la Porte, gouverneur d'Angers, auquel Renaudot adresse les lignes suivantes :

« Ayant fait voir à Sa Majesté que l'une des plus grandes incom-
« modités de ses sujets, et qui en réduisait plusieurs à nécessité,
« estait la faute d'adresse des lieux et choses nécessaires à l'en-
« tretien de leur vie... ; cette proposition a tellement esté approu-
« vée de ceux auxquels il a pleu d'en commettre l'examen, qu'en
« suite de son brevet du quatorzième jour d'octobre 1612 qui
« me donne pouvoir, exclusivement à tous autres, d'establir les
« *Bureaux de ces adresses...* »

Après une longue préface, Renaudot donne en terminant l'*Inventaire*, c'est-à-dire le véritable *prospectus* du Bureau de rencontre. Il ne renferme pas moins de soixante-trois articles, divisés en trois livres, dont voici les principaux paragraphes :

— Le Bureau d'adresse ou Table de rencontre, représente les enseignes ou adresses placardés dans les carrefours, ou ces tables qu'on met au commencement ou à la fin des livres pour qu'on puisse y trouver vite ce que l'on cherche.

Le Bureau donne les adresses pour acheter et vendre les études des procureurs et notaires, les bibliothèques, etc.

Il a la liste des maîtres qui cherchent des apprentis, celle des apprentis qui cherchent des patrons.

Chaque position sociale des intéressés a son chapitre ou rôle particulier. Il y a des listes spéciales pour les aumôniers, les écuyers, les gentilshommes servants, les secrétaires, les maîtres d'hôtel, les gouverneurs, les percepteurs d'enfants, les valets de chambre, clercs ou copistes, cuisiniers, fruitiers, confituriers, sommeliers, blanchisseurs, carrossiers, postillons, palefreniers, laquais, etc.

On trouve au Bureau l'adresse des académies, collèges, petites écoles, leçons, répétitions, conférences, dissections, dispensaires, pensions, etc., etc. Les noms et demeures de toutes les personnes auxquelles on a souvent affaire : princes, officiers de la couronne, cours souveraines, théologiens, médecins, avocats fameux, etc. L'indication des baux à loyer, des maisons à louer, des appartements meublés, des ventes de meubles, carrosses, chevaux, navires, bateaux, moulins, etc., les ventes ou achats de tableaux. médailles, manuscrits, livres, plantes, graines, fleurs, alambics. etc.

Indication des endroits où l'on traite toutes sortes de maladies : eaux de Spa, de Pougues, Forges. etc. : bains, étuves. etc.

Ce Bureau vient aussi en aide à ceux qui veulent faire savoir quelque chose à leurs parents ou amis éloignés, leurs vœux, leur mariage. une naissance, une mort, l'arrivée d'un tel à Paris, son changement de demeure, etc., etc.

Et notre publiciste terminait en disant que, pour éviter les suites de la corruption du siècle, non moins que le soupçon et la médisance, les femmes seraient absolument exclues du bureau d'adresses...

Ce programme daté du milieu du xve siècle contient, on le voit, tout l'ensemble de la publicité de la fin du xixe.

CHAPITRE III

Nous disons la *Gazette* et non la *Gazette de France*, car ce fut longtemps après sa fondation. en 1792. et après des transformations successives dans son format et sa périodicité, que la *Gazette* de Renaudot. pour se distinguer des autres gazettes enfantées par la concurrence. s'appela *Gazette nationale de France.*

Donc le premier numéro du premier de nos journaux parut le 25 mai 1631 sous le simple nom de *Gazette.*

La première année de ladite *Gazette* fut composée de trente et un numéros, que Renaudot réunit en un volume sous ce titre : *Recueil des « Gazettes » de l'année 1631, dédié au roi, avec une préface servant à l'intelligence des choses qui y sont contenues et une table alphabétique des matières.*

« Sire, dit-il au roi dans sa dédicace, c'est bien une remarque digne de l'histoire que dessous soixante-trois rois. la France, si curieuse de nouveautés, ne se soit point avisée de publier la *Gazette* ou recueil pour chaque semaine des nouvelles tant domestiques qu'étrangères... Mais la mémoire des hommes est trop habile pour lui fier toutes les merveilles dont Votre Majesté va remplir le septentrion et tout le continent. Il la faut désormais soulager par des écrits, qui volent, comme en un instant, du nord au midi, voire par tous les coins de la terre. C'est ce que je fais, maintenant, sire, d'autant plus hardiment que la bonté de Votre Majesté ne dédaigne pas la lecture de ces feuilles ; aussi n'ont-elle rien de petit que leur volume et mon style. C'est au reste le journal des rois et des puissances de la terre : tout y est par eux et pour eux, qui en font le capital ; les autres personnages ne leur servent que d'accessoire. »

Ce recueil des *Gazettes de l'année 1631* est, comme on doit le penser, excessivement rare ; nous n'en connaissons qu'un exemplaire complet, qui se trouve à la *Bibliothèque Nationale*. Exemplaire précieux, sous sa vieille reliure en parchemin jauni, car il possède le portrait du journaliste accompagné de l'inscription suivante : *Theophrastus Renaudot, juliodunensis medicus et historiographus regius ætatis anno 58 salutis 1644*... Ce portrait est, croyons-nous, le seul qui nous reste du grand maître de la publicité.

Pour en finir avec l'homme, disons que Renaudot mourut à Paris aux galeries du Louvre, qu'il occupait comme historiographe de France, le samedi 25 octobre 1653, et qu'il fut enterré le lendemain dans l'église Saint-Germain-l'Auxerrois.

Comme monument à la mémoire de ce grand maître de la publicité, nous ne croyons mieux faire que de reproduire, sans y changer une virgule, le premier numéro de sa fameuse *Gazette ;* le voici :

GAZETTE

« Le Roy de Perse avec 15 mille chevaux et 5o mille hommes
« de pied, assiège Dille à deux journées de la ville de Babylonne,
« ou le grand seigneur a fait faire commandement à tous ses Ja-
« nissaires de se rendre sous peine de la vie, et continue, no-
« nobstant ce divertissement-là, à faire toujiours une aspre guerre
« aux preneur de tabac, qu'il fait suffoquer à la fumée.

« Sa Sainteté a finalement receu les articles, et conditions ac-
« cordées concernant la paix si longtemps atttendue en Italie. Il
« est survenue dans Madrid un accident de feu qui a fort endom-
« magé l'hostel du comte Olivarez, et le Palais Royal. Sa Majesté
« Catholique a pourveu le marquis d'Ayton de la charge de géné-
« ral de la marine en la caste de Flandres, et a envoyé Dom Fer-
« dinand Contieras pour haster le partement de la flotte de Ves-
« tinde. Le clergé contribue en Portugal deux cens vingt-cinq
« mille escus pour subvenir à la nécessité présente des affaires.

« La ville d'Ulm a refusé ouvertement la contribution que le
« Commissaire Impérial luy demandait et respondu au Magistrat
« qu'ils acceptoyent la résolution de l'assemblée de Lipsic. On
« fait marcher contre eux les Régimes d'Italie. Mais on croit que
« le passage leur sera refusé par ceux de Suève et Franconie, qui
« ont desia levé force soldats. »

« Freistad en Sylesie, 1" may.

« Les Impérialistes se sont icy arrestez après la prise de Franc-
« fort-sur-Oder et attendent mille Hongrois que le Palatin leur
« doit envoyer qui se joindront à la garnison de Landsberg et
« autres trouppes dot Tilly les doit grossir, capables de résister
« désormais aux Suédois entrez en la Silésie. »

« De Venise, le 2 may.

« Les Espagnols ne sont point contents et ne trouvent point
« seur pour l'Estat de Milan que les passages de Savoie soyent
« gardez par les Suisses et dit-on que Los Grandez promettent
« d'entretenir 40.000 hommes si l'on continué la guerre. A
« quoy les Français répliquent sans se haster qu'ils ne rendront
« point ce qu'ils tiennent sans une bonne exécution du traitté
« de la part des autres. »

« De Vienne, le 3 may.

« On lève des gens de guerre par toute l'Autriche, Sylésie,
« Moravie, Bohême, Bavières et païs circonvoisins qui donneront
« bien des affaires au Roy de Suède. Le Burgrave de Doua est
« retourné en Sylesie y prendre la conduite des armées. On ne
« doute plus de la paix d'Italie, ny de celle de Transsilvanie. On
« a icy publié un édict portant que chaque maison payera deux
« florins dans le 1" may prochain. Le fils de l'Empereur, assisté
« du duc de Fridland, s'en va en qualité de généralissime con-
« duire les trouppes qui retournent d'Italie, auxquelles se doivent
« joindre 24.000 hommes que ledit duc de Fridland met sur
« pied à ses despens, 18.000 defrayez par le Palatin de Hongrie
« et autres forces que le duc de Bavière et les autres électeurs
« et Princes catholiques lèvent à l'envi les uns des autres. »

« De Stetin, le 4 may.

« On nous rapporte que le Roy de Suède est avec son armée
« devant Altbrandebourg, dont les habitans ont demandés trois
« jours pour se resoudre sur la sommation qui leur a faite de se
« rendre, lequel temps il leur a refusé. »

« De Lubec, dudit jour.

« Tous les cercles de l'Empire tiennent maintenant leurs
« assemblées à part pour délibérer des moyens de se défendre.

« On en tiendra bientost une autre comme Nuremberg ou Dres-
« den, pour eslire un lieutenant général et establir un conseil de
« guerre. La Ligue Catholique tient pareillement une assemblée
« à Dinkelspul en Sueve. Le Cercle de la basse Saxe en tient
« aussi à présent une à Hambourg où sont les députez de
« quelques Princes, comme celuy de Holstein, Meklebourg, Lune-
« bourg, Zel, ceux de l'archevêque de Breme et ceux des villes de
« Lubec, Breme, Brunsvic, Heldeshein. Nous saurons en bref
« leur résolution.

« Aujourd'huy s'est icy espandu un bruit sans autheur cer-
« tain venant du costé de Brunsvic et Berlin, que le siège de
« Magdebourg est levé par le Roy de Suède, qui nous tient tous
« en impatience d'en scavoir la vérité. L'Electeur de Saxe a levé,
« outre ses gens de pied, trois mil chevaux dont il y en a mille
« sous la charge du colonel Bintan, mille sous celle du premier
« Escuyer d'Aube, et autant sous celle du Cadet d'Altembourg.
« La Monstre générale s'en fit le 3 de ce mois à Torgan et Zeiz.
« Le roy de Dannemarc se tient coy à Gucktrad : on verra si le
« différent d'entre luy et la ville de Hambourg sera proposé en
« l'assemblée qui se tient à Hambourg. Les impérialistes de
« Landsberg, se voyant environnez de toutes parts par le Roy de
« Suède, luy demanderent bonne composition qu'il leur accorda,
« à scavoir d'en sortir non seulement bagues sauves, mais
« aussi enseignes déployées, et tambour battant, qui fut religieu-
« sement exécutée le vingt-sixiesme jour d'avril dernier. Dans la
« ville demeurerent entr'autres encor cinq bons canons de reste.
« Les Suedois ont gagné aux prises de Francfort, Grassen et
« Landsberg, quinze cens tonneaux de poudre à canon. Le Roy
« a esté à Custrin le 21 d'avril, qui est un passage qu'il a fait
« grandement fortifier, pour luy servir de retraite : on tient
« qu'en suitte du secours qu'il donnera à Magdebourg. L'Elec-
« teur de Brandebourg joindra avec luy ses forces. Après la
« prise de Francfort sur Oder, il a envoyé le colonel Baudisin et
« le Rhingrave ou Silesie, avec la cavalerie et quelques régi-
« ments de gens de pied, qui ont pris la ville Grossen, et se

« sont advancez jusques à celle de Lagan, laquelle on n'est pas
« asseuré qu'ils ayent prise. »

« De Francfort sur l'Oder, le 5 may.

« Les impériaux ont rendu le passage de Landsberg, d'où ils
« sortirent le 26 du mois passé au nombre de trois mille quatre
« cens, tirans vers la Sylésie. Le Roy de Suède s'en va vers
« Altbrandebourg. »

« De Prague, du 5 may.

« Le Ragotzi Prince de Transilvanie a poursuivy le palatin
« d'Hongrie jusques à la forteresse de Neufchastel qu'on dit
« qu'il a prise. Ce qui joint au succez du Roy de Suède nous
« donne telle apprehension qu'on travaille incessamment aux
« remparts de la ville et levée de gens de guerre par tout ce
« Royaume. Le Valentin ou duc de Fridlant part de cette ville
« où il est arrivé de nagueres avec sa femme et va trouver
« l'Empereur, dont il doit obtenir les potentes de general en
« Boheme, Silesie et Moravie. Il a trois cens chariots prest pour
« la suitte des 24 mille hommes qu'il doit commander. Le
« Turc a envoyé son ambassade en Polongne pour y solliciter
« la paix et le rappel des cazaques qui traversent ses desseins. »

« De Hambourg, dudit jour.

« Le Roy de Danemarc a fait fondre de naguere vingt-quatre
« gros canons. L'ambassadeur du Roy de Suede envoyé en
« France partit hier d'iy. Le duc de Mekelbourg s'en est allé à
« Stetin, appelé par le Roy de Suède. »

« De Leipsie dudit jour.

« Les protestants sont fort empeschez à lever des trouppes
« de toutes parts, dont l'Electeur de Saxe doit faire neuf mille

« hommes de pied et deux mille chevaux celui : de Brandebourg,
« quatre mille hommes de pied et mille chevaux : les cercles
« de Franconie et Seuve, douze mille de pied et trois mille che-
« vaux : les cercles du Rhin, 4.000 hommes de pied et mille
« chevaux : le Landgrave de Hesse, 1.000 hommes de pied et
« quelques compagnies de chevaux, out receux de la basse Saxe. »

« De Mayence. le 6 may.

« Le general Tilly a envoyé partie de son armée qui assie-
« geaient Magdebourg au devant du roy de Suede qui vient
« avec une puissante armée pour le secourir. Ceux de Wittem-
« berg, près desquels se doit faire cette rencontre, ont rompu
« leur pont pour seureté de leur ville. »

« De la Basse-Saxe. le 9 may.

« Le Roy de Suède va en diligence secourir Magdebourg fort
« pressé par le comte de Tilly, qui a gagné tous les forts de l'un
« des costez de la rivière d'Elbe, et attaque maintenant l'autre
« costé. Il a fait sommer la ville par un tambour, après avoir
« logé 2.000 de ses soldats dans les ruines de l'un de deux
« faux-bourgs bruslez par ceux de la ville. »

« De Francfort sur-le-Maine. le 14 may.

« Les levées des évagéliques se font si chaudemet, qu'il
« espèret avoir leurs gens prests sur la fin de ce mois. Cependant
« le Duc de Virteberg a chassé de Vinfen la garnison du Duc de
« Bavières et de la ligne catholique, à cause de l'importance du
« passage. Le comissaire Ossa s'est pareillement saisi du pas-
« sage de Litchtena, qui appartient au comte de Hanau. entre
« Strasbourg et Virtemberg. Le siège de Magdebourg est venu
« à sa crise d'estre levé ou la ville prise. Les assiegez ayans
« perdu tous leurs dehors, et ayant été constraint de brusler

« tous leurs faux-bourgs, comme ils eussent fait si les impé-
« riaux, se jettans dans l'embrasemet, n'eussent esteint le feu,
« et sauvé quelques ruines de l'un desdits faux-bourgs, ou
« 2.000 d'entr'eux se sont logez, et n'espargnent rien pour
« prévenir l'arrivée du Roy de Suède, qui n'est qu'à une journée
« de ladite ville près de Gutterbok, avec ferme résolution de
« secourir cette bonne ville. On en croit desia le succez, bien
« que ce soit sans aucune preuve certaine, et que les assiegez
« ayent abandonné la porte Royale.

« On escrit de Vienne qu'il y est arrivé un ambassadeur
« extraordinaire d'Espagne et de Venise, et qu'on fortifie la ville
« du costé du palais de l'Empereur, qui se trouve le plus
« faible. Les deputez du cercle du Rhin sont maintenant assem-
« blez à Francfort-sur-le-Maine, où l'on met en garnison
« 500 chevaux et 3.000 fantassins. Ceux de la ligue catho-
« lique enroollent tout et ne refusent personne, si bien que la
« guerre recommence de plus belle. Les Espagnols croyent
« que le Prince d'Orange ait dessein sur Dunkerque, et que les
« estats à cette fin mettent leur armée à terre entre Calais et
« Gravelines. »

D'Amsterdam, le 17 may.

« Le comte Ernest passa dimanche par icy, tirant vers le haut
« du Rhin. Lundy les gardes de son Excellence partirent de la
« Haye, ensemble toutes les compagnies de pied et gens de
« cheval tirans du mesme costé. Cent canoniers passerent le
« dixiesme du courant par Arneim, tirans vers Emrie. Son
« Excellence mesme partit hier de la Haye, et couche à Utrecht
« cette nuit: son dessein sera donc bientost manifesté. Un de
« nos navires de guerre, conduit par Cornelie de Noy, a rapporté
« 18 morts et 24 blessez, ayant combattu vaillamment contre
« cinq Donquerquois. On confirme de Paris que la bonne
« police qui y est apportée fait que l'on y trouve toutes choses,
« et notamment le pain a assez bon conte, et que sans la stérilité
« de l'année passée, qui a esté presque universelle en toute la

« chrestienté ,et est mesme desia soulagée par l'espérance de
« ceste-cy), les François ne seroyent pas moins contents au de-
« dans qu'ils ont l'objet de l'estre au dehors. »

« D'Anvers, le 24 may.

« Le tambour sonne par toute la haute Allemagne. On espère
« que les Hollandais ne feront ceste année, non plus l'autre, à
« raison du bon ordre que nous avons mis par tout, voire que
« nous les attaquerons les premiers. Nous avons trois camps,
« l'un aux environs de Vezel de quatorze mil hommes, l'autre
« es environs de Lier et Melines en Brabant de dix mille
« hommes, et le troisième entre Ostende et Graveline en Flandre
« de douze mille hommes. Nous ne manquons aussi de bons
« chefs, ayans entr'autres les marquis de Sainte-Croix, et
« d'Ayton, le duc de Lerme. Don Carle Colonne, les comtes
« Jean de Massan et Henry de Bergne, qui aura icy le comman-
« dement général des affaires de la guerre, et celuy de Vaguen
« qui est déclaré vice-admiral, et auquel on a assigné trois cens
« cinquante mille escus par an pour le desfray de l'armée de
« mer. »

On remarquera qu'il n'y a pas de nouvelles de France
dans ce premier numéro; ce n'est qu'à la sixième *Gazette*
que l'on trouve des nouvelles de Saint-Germain et de Paris;
nous les transcrivons, car ce sont LES PREMIÈRES RÉCLAMES
DE PHARMACIE ET DE LIBRAIRIE ayant paru dans les colonnes
d'un journal !!

.·.

« *De Saint-Germain-en-Laye, le 2 juillet au dit-on.* — La
« sécheresse de la saison a fort augmenté la vertu des eaux
« minérales, entre lesquelles celles de Forges sont ici générale-

« ment en usage. Il y a trente ans que M. Martin, grand méde-
« cin, leur donna la vogue: le bruit du vulgaire les approuva.
« Aujourd'hui. M. Bonnard, premier médecin du Roy, les a
« mises au plus haut point de la réputation que sa grande
« fidélité, capacité et expérience peut donner à ce qui la mérite
« vers Sa Majesté, qui en boit ici par précaution, et presque
« toute la cour à son exemple. »

« *De Paris, le 3 du dit mois de juillet 1631.* — Depuis quinze
« jours sont ici décédés, des fièvres continues, qui y sont fort
« fréquentes MM. Berger et de Bragelone, conseillers au Parle-
« ment, et M. Charles, le plus fameux médecin de la ville. »

— Les réclames de pharmacie et de librairie ont pro-
gressé depuis trois siècles !

Et maintenant pour terminer l'histoire du fondateur de
la publicité et arriver à son apothéose, nous ne pouvons
passer sous silence l'inauguration de la statue élevée (fig. 14)
à la gloire de notre philanthrope, de ce Théophraste Renaudot, le père du journalisme, qui fut aussi, comme nous
l'avons dit, le créateur des bureaux de placement, et de la
publicité, vu qu'il fonda, nous l'avons raconté plus haut,
avec l'appui du roi Louis XIII, le premier « bureau
d'adresses et de rencontre ». destiné à recevoir les offres
et les demandes d'emploi.

En dépit de ses titres à la reconnaissance de la postérité.
le nom de Théophraste Renaudot n'est plus de ceux qui
passionnent les foules, et quoique l'attrait de la cérémonie
inaugurative de sa statue fût rehaussé par la présence de

M. Dupuy, alors Président du Conseil des Ministres, bien clairsemés étaient les curieux qui assistaient à l'inauguration, maintenus à distance par des barrières en l'espèce bien inutiles.

Montée sur un massif piédestal de pierre dure, l'image de Théophraste Renaudot s'élève au beau milieu de la rue de Lutèce. à Paris, cette large voie qui ressemble bien plus à une place qu'à une rue et que délimitent le Palais de justice. la Préfecture de police, le Tribunal de commerce et l'Hôtel-Dieu.

La statue, œuvre du sculpteur Boucher, fait face au Palais de justice. Le père du journalisme est représenté assis, une plume à la main, comme dans la gravure ci-jointe (fig. 14).

Outre les dates de la naissance et de la mort de Théophraste, 1586-1653, on lit sur les côtés du piédestal les inscriptions suivantes :

A droite :

CONSULTATIONS GRATUITES

Il faut que en un État les riches aydent aux pauvres,
son harmonie cessant lorsqu'il y a partie d'enflée outre mesure
les autres demeurant atrophiées.

A gauche :

LA « GAZETTE », 30 MAI 1631

Seulement ferai-je une prière aux princes et aux États estrangers
de ne perdre point inutilement le temps à vouloir fermer le pas-
sage à mes gazettes, veue que c'est une marchandise dont le com-
merce ne s'est jamais peu défendre et qui tient cela de la nature
des torrents qu'il se grossit par la résistance.

Fig. 14. — Le Monument Renaudot.

Derrière, enfin :

SOUSCRIPTION PUBLIQUE

4 juin 1893

Icy, rue de la Calandre, au Grand-Coq,
s'élevait le bureau d'adresses
où Théophraste Renaudot fonda la Gazette
et les consultations charitables
pour les pauvres malades.

Donc le 4 juin 1893, à dix heures du matin, salué par la *Marseillaise* que jouait le 104ᵉ de ligne, M. Ch. Dupuy prenait place sur l'estrade, ayant à sa gauche M. Alphonse Humbert, alors Président du Conseil municipal, et à sa droite M. Poubelle, préfet de la Seine du moment. Sur cette estrade, on voyait encore M. Claretie, le président du comité de souscription, les docteurs Brouardel et Cadet de Gassicourt, MM. Peyron, directeur de l'Assistance publique, Roujon, directeur des Beaux-Arts, Lozé, l'ex-préfet de police, et quelques membres du Parlement.

Au pied de la petite tribune, drapée de rouge, d'où les orateurs devaient parler, se tenait, très entouré, très félicité, le docteur Gilles de la Tourette, le secrétaire général du comité, au zèle, à l'obstination de qui on doit surtout d'avoir vu aboutir la souscription.

Mais laissons ces préliminaires, et, sans insister sur les congratulations officielles, cherchons à tirer quelque chose des discours prononcés.

M. Ch. Dupuy prit le premier la parole. Voici quelques extraits de son discours :

« Messieurs,

« Le gouvernement de la République s'est associé avec em-
« pressement à l'acte réparateur qui s'accomplit en ce jour. Il
« était temps de venger Renaudot de l'injustice de ses contem-
« porains et du long oubli de la postérité. Après plus de deux
« siècles, ce devoir de reconnaissance est enfin rempli.

« L'homme dont un ciseau habile nous a rendu les traits était
« une de ces natures généreuses en qui l'amour du bien public
« s'allie à une imagination vive et féconde, sans cesse en quête
« de nouveautés et de réformes.

« Médecin, il secoue le joug de l'école et, sans manquer de
« déférence aux anciens, il ne reconnaît d'autorité que celle de
« l'observation et de l'étude expérimentale. Il appelle les autres
« sciences au secours de l'art de guérir et met notamment à
« profit les premières découvertes de la chimie. Il propage la
« doctrine nouvelle à l'aide de conférences, d'une clinique, d'un
« laboratoire qui font de son logis du Coq-d'Or, établi à deux
« pas d'ici, dans la rue de la Calandre, une manière d'école de
« médecine qui ne fut pas sans porter ombrage à la tradition-
« nelle et alors un peu rébarbative Faculté.

« Renaudot ne pense pas d'ailleurs que la science soit le tout
« du médecin. Il voit, avant tout, dans la médecine une œuvre
« de soulagement et d'humanité. De là, l'établissement des con-
« sultations charitables fondées par lui en 1640, premier essai
« de l'assistance publique à domicile.

« Les consultations gratuites sont le principal titre de gloire
« de Renaudot ; elles ne sont qu'une partie de son œuvre.

« Au retour d'un voyage en Italie, il essaie de naturaliser chez
« nous l'institution des monts-de-piété, conçus par lui tout à la
« fois comme un refuge contre l'usure et un recours contre la
« misère.

« Il s'avisa aussi de créer un *bureau d'adresses et de rencontre*
« à l'aide duquel il facilitait le placement des personnes en
« quête de travail, en renseignant sur leur demeure, leur posi-
« tion, leur moralité, ceux qui pouvaient les employer. De là
« sont sortis les bureaux de placement, puisqu'il faut les appeler
« par leur nom. Leur fonctionnement comporte plus d'un abus
« et nécessite plus d'une réforme, mais le principe en est juste,
« et en dépit des reproches encourus, ils ont rendu d'inap-
« préciables services tout ensemble au salaire et au capital.

« A ces créations, il faut ajouter celle d'un *bureau de ventes*
« *à grâce, trocques et rachat de meubles et autres biens*
« *quelconques*, fondé en 1637 et qui fut le premier hôtel des
« ventes.

« C'est de cet esprit de rapprochement, d'échange de services
« et d'idées qu'est née cette œuvre géniale de la *Gazette*, créée
« d'abord par Renaudot pour alimenter de renseignements son
« bureau d'adresses, et devenue peu à peu un organe d'informa-
« tions et, pour tout dire un journal. La *Gazette*, née en 1631,
« est le premier en date de nos journaux. Renaudot eut dès la
« première heure le pressentiment de la puissance future de
« l'instrument qu'il créait ; il devina la force et l'influence de la
« presse qui, selon sa propre expression, gravée sur l'un des bas-
« côtés de sa statue, « tient cela de la nature des torrents,
« qu'elle se grossit par la résistance ». Ce n'est pas dans une
« République, ce n'est pas sous un régime démocratique qu'il
« est nécessaire de célébrer la presse : il suffit de dire qu'elle est
« l'indispensable organe de la vie publique dans un pays libre.
« *(Vifs applaudissements.)*

« Aussi ne saurions-nous, messieurs, nous incliner avec trop
« de gratitude et trop d'admiration devant un homme dont les
« travaux et les créations honorent et servent chaque jour la
« France et l'humanité. » *(Vifs applaudissements.)*

M. Claretie a fait ensuite remise officielle de la statue à
la ville de Paris, au nom de laquelle M. Humbert, très

applaudi aussi, remercie tous ceux qui ont contribué à l'érection du monument.

Puis ce sont MM. Brouardel, doyen de la Faculté de médecine, et le docteur Cadet de Gassicourt, qui retracent la carrière médicale de Théophraste Renaudot. Enfin M. Grasset, délégué de la Faculté de Montpellier, faculté où Renaudot fit la plus grande partie de ses études, clôt la série des discours. sur lesquels notre cadre restreint ne nous permet pas d'insister. mais qui sont, en somme, un hommage rendu à la *Publicité* et au grand maître des publicistes passés, présents et futurs.

CHAPITRE IV

Dans les journaux qui vinrent faire concurrence à la *Gazette*, comme le *Courrier français*, les *Courriers burlesques* de Saint-Julien et diverses autres feuilles, la publicité resta fort anodine et nous n'avons rien à y glaner.

Cependant, il nous faut signaler en passant que c'est à la France encore que l'Europe dut l'invention des journaux littéraires; notre *Journal des Savants*, qui date de 1665, est le père de tous les ouvrages de ce genre dont nous sommes accablés aujourd'hui.

Entre temps et à côté de la presse sérieuse représentée par la *Gazette* se fondait ce que nous appellerons la petite presse, dont la *Muse historique* de Loret est le spécimen le plus remarquable.

C'est du reste dans Loret que nous trouvons le 6 décembre 1659 le *Premier compte rendu théâtral*; il s'agit des *Précieuses ridicules* dont la « première » avait été donnée le 18 novembre :

> Cette troupe de comédiens.
> Que Monsieur avoue être siens
> Représentant sur leur théâtre
> Une action assez folâtre
> Autrement un sujet plaisant,
> A rire sans cesse induisant
> Par des choses facétieuses
> Intitulé les Prétieuses
> Ont été si fort visités
> Par gens de toutes qualités,
> Qu'on n'en vit jamais tant ensemble
> Que ces jours passés ce me semble,
> Dans l'hôtel du Petit-Bourbon
> Pour un sujet mauvais ou bon.
> Ce n'est qu'un sujet chimérique,
> Mais si bouffon et si comique
> Que jamais les pièces de Ryer,
> Qui fut si digne de laurier ;
> Jamais l'Œdipe de Corneille,
> Que l'on tient être une merveille ;
> Le Cassandre de Bois-Robert
> Le Néron de Monsieur Gilbert...
> N'eurent une vogue si grande
> Tant la pièce semble friande
> A plusieurs tant sages que fous.
> Pour moi j'y portai trente sous ;
> Mais oyant leurs fines paroles,
> J'en ris pour plus de dix pistoles.

Loret, du reste, et c'est par là qu'il devint un des personnages de notre volume, ne dédaignait pas la publicité commerciale.

Voici par exemple une de ses *réclames* à propos de livres nouveaux :

> On les vendra soirs et matins
> Sur le quai des Grands-Augustins
> En la boutique d'un libraire
> Imprimeur ou non ordinaire ;
> Et si le lecteur demande où,
> C'est justement chez Jean Ribou.

Plus loin, c'est une réclame métallurgique ; Loret chante les vertus de l'*étain* :

> Que les plus fins et les plus sages
> Prendraient d'abord ces beaux ouvrages
> Tant l'éclat en paraît joli
> Pour un bel argent bien poli.

Passons encore, et nous arrivons à une réclame de cordonnier :

> Des bottes faites sans couture,
> Bottes d'hiver ou bien d'été.

Après la *Muse historique* de Loret, nous ne voyons rien à signaler avant le fameux MERCURE GALANT que Donneau de Visé fonda en 1672 et auquel Dufresny succéda comme directeur en 1710 — par privilège du roi — Dufresny que sa polémique contre Rousseau rendit célèbre. Ce fut en 1724 seulement que le *Mercure Galant* prit le nom de MERCURE DE FRANCE et devint une si bonne spéculation que le gouvernement s'en empara et l'exploita comme un fief littéraire.

Le fameux Panckoucke racheta le *Mercure* vers 1773 et en fit une feuille de spéculation où la réclame tenait bonne place. Un prospectus daté de 1786 faisant appel au commerce nous apprend que le *Mercure* « ... paraît le samedi de chaque semaine... 30 livres pour Paris, 52 livres pour la province... »

Il contient des jugements critiques sur les nouveaux ouvrages ; quelques articles d'arts, d'invention et découvertes. de spectacles, d'avis particuliers. de l'annonce des livres nouveaux. annonces des académies, etc., etc.

Le *Mercure* mourut au début de ce siècle.

Mais nous n'avons eu encore affaire qu'à des journaux hebdomadaires, avec une publicité forcément restreinte, où l'annonce tenait peu de place et où la réclame se montrait timide.

En 1777 fut fondé le *Journal de Paris*, quotidien. et le premier de nos journaux quotidiens où les annonces eurent une rubrique définitive et suivie.

Mais le plus célèbre de tous les journaux de *publicité commerciale*, le premier qui s'occupa spécialement de réclames et d'annonces fut le journal de l'abbé Aubert : *les Petites Affiches*. qui parut pour la première fois le 13 mai 1751. et dont le succès fut énorme.

Dans ce volume consacré à l'*Histoire de la Publicité* nous croyons qu'il sera intéressant pour le lecteur de voir reproduire ici — comme nous l'avons fait pour la *Gazette* — le premier numéro *in-extenso* de ces *Petites Affiches*.

Ce numéro que nous avons sous les yeux, du format in-18. est orné d'un joli frontispice (fig. 15). que nous reproduisons, représentant des amours portant les affiches au Temple de Mémoire.

Une note manuscrite, peut-être émanant de l'abbé Aubert. nous donne le jour de son apparition cité plus haut.

Mais nous reproduisons :

Fig. 15. — Frontispice du premier Numéro (13 Mai 1751).

(N° 1).

ANNONCES, AFFICHES ET AVIS DIVERS

DU JEUDI 13 MAI 1751

MAISONS A VENDRE

« Maison bourgeoise à Noisy-le-Grand-sur-Marne, à trois lieues
« de Paris, meublée en partie, bâtie depuis dix ans : avec un jar-
« din d'environ deux arpens, peuplé d'arbres fruitiers de très bon
« rapport, et d'un bois d'ormes à haute futaie, six quartiers de
« terre ensemencées en sainfoin, et un banc à l'église dépendant
« de ladite maison. On y peut aller par les chemins de Saint-
« Maur ou de Nogent, tous les deux pavés. *S'adresser à M. de*
« *Savigny, notaire, rue de la Comédie-Française.* »

« Maison rue des Deux-Ponts, île Notre-Dame, du côté du pont
« de la Tournelle. Elle consiste, au rez-de-chaussée, en une bou-
« tique, salle derrière, cuisine, cour, puits, et de très belles caves
« dessous. Trois étages composés chacun de deux chambres, un
« cabinet et greniers au-dessus. Elle est actuellement occupée
« par un marchand épicier. *S'adresser à M. Nau, notaire, rue*
« *de la Harpe,* ou à M. Dangui, huissier-priseur, dans la *même*
« *rue. Ils donneront tous les éclaircissemens nécessaires.* »

« Maison de campagne rebâtie à neuf, à Bagnolet, près l'église,
« *à vendre à vie ou à forfait.* Elle consiste en un corps de logis
« entre cour et jardin, composée d'une cuisine et sale par bas,
« avec deux étages au-dessus : le jardin est bien planté, il con-

« tient un arpens. *S'adresser à M. Girardot de Malassise demeu-*
« *rant à Bagnolet.* Il en fera bonne composition. »

« Maison à vendre volontairement ; elle fait l'encoignure des
« rues de Beaune et de Verneuil. Ladite maison contient quatre
« boutiques, l'encoignure occupée par un épicier et deux dans la
« rue de Beaune, une occupée par un limonadier, l'autre par un
« cordonnier, et une dans la rue de Verneuil occupée par un
« marchand de vin. Il y a toute sûreté pour acquérir, point de
« donaire à craindre. *S'adresser à M. Quinquet, notaire. rue du*
« *Four, près le Marché de l'Abbaye, et à M. et Mme Manherou,*
« *rue de Beaune, dans ladite maison.* »

MAISONS A LOUER

« Maison à louer pour le terme de la Saint-Jean, ou de la Saint-
« Remy, située rue Grenelle près celle des Roziers, faubourg
« Saint-Germain, composée de logement de maîtres et de domes-
« tiques, cuisines, offices, doubles greniers, quatre remises, une
« écurie pour onze chevaux, d'une cour et d'un jardin. Il y a
« dans les appartemens des glaces qu'on y laissera, si le loca-
« taire le juge à propos. *S'adresser dans la même maison.* »

« Maison meublée ou non meublée à louer. Elle est située à
« Morcourt, paroisse d'Andrezy : elle consiste en huit apparte-
« ments de maître, remises, écurie, cellier, cour et jardin clos.
« *S'adresser à M. Girault l'aîné, notaire. rue Saint-Martin,*
« *vis-à-vis la Fontaine-Maubuée.* »

CHARGES A VENDRE

DU LUNDI 13 MAI

« Une charge de Juge-Verdier du duché d'Elbeuf en Nor-
« mandie. Les gages de cette charge sont de 100 livres, avec
« droit de chauffage. On peut en retirer des émolumens consi-
« dérables. *S'adresser à M. Sauvaige, notaire, rue de Bussy, fau-*
« *bourg Saint Germain, ou à M. Richemont, avocat en parle-*
« *ment, rue de la Harpe, vis-à-vis la place Sorbonne.* Le titre de
« ces sortes d'offices a été créé pour commander aux gardes des
« forêts qui sont éloignées des maîtrises ; ceux qui en sont
« revêtus ont dans les provinces un rang très-honnête. »

« Charge de Conseiller du Roi, ancien Controlleur des payeurs
« des gages de MM. les Secrétaires du Roi en la grande Chan-
« cellerie de France. Cette charge en l'année d'exercice a de
« gages et emolumens 2.148 livres, 7 sol. 6 deniers ; en l'année
« de non exercice 1.998 livres, 7 sol. 6 deniers : elle n'oblige
« point à résidence : elle a tous les privileges des charges des
« Secrétaires du Roi, du grand Collège, et donne la Noblesse au
« premier degré. *S'adresser à M. Daoust, notaire, rue S.-Tho-*
« *mas-du-Louvre.* »

VENTES

DU JEUDI 13 MAI, LE MATIN ET DE RELEVÉE

« Vente par continuation après le décès de Mme la veuve Selot,
« négociant à Rouen. Belle garde-robe de femme, linge de lit et
« de table. Robes de différentes saisons, garnitures de dentelles
« et une toilette complète. Le lendemain les bijoux d'or, et les
« diamans, dont une belle paire de boucles d'oreille. Cette vente
« se fera *sur le quai de l'École, près le marchand épicier.* »

« Vente après le décès de..... consistant en meubles, habits,
« linge d'homme, de lit et de table, et batterie de cuisine. Il y a
« aussi des livres dont la vente sera annoncée au public. Cette
« vente se fera *dans la cour de l'abbaye Sainte-Geneviève.* »

DU LUNDI 17 MAI, DE RELEVÉE

« Vente après décès du sieur Pingat, maître peintre de l'Aca-
« démie de Saint-Luc, de meubles, linge, garde-robe et quelques
« bijoux ; on finira par les tableaux, dont on donnera un état
« fidèle dans la feuille prochaine. Cette vente se fera *dans la*
« *maison du défunt sur le Pont-Notre-Dame.*
« Quatre chevaux de six ans, de la taille de cinq pieds, à
« courte queue.
« Une diligence peinte en païsage doublée de velours d'Utrech
« bleu.
« Et une calèche à quatre places, peinte en verd, garnie de
« satin blanc avec des stors, à vendre à l'amiable. *S'adresser*
« *chez M. l'abbé de Beauvillier, rue des Prêtres S. Paul, au coin*
« *de la rue du Fauconnier.* »

« Cinquante livres de rente sur les Aides et Gabelles, à vendre
« par licitation au Châtelet de Paris. L'adjudication est en état
« d'être faite. Elle est remise au Mercredi 26 Mai 1751. Pour
« avoir les éclaircissemens nécessaires, il faut s'adresser *à*
« *M. Geoffroi Procureur au Châtelet de Paris poursuivant, rue*
« *des Ecouffes, derrière le petit S. Antoine.*

TRIBUNAUX

« Arrest du Conseil d'Etat du Roi du 7 Mai 1743, par lequel
« S. M. déclare nulle la procédure faite par les Officiers des
« Princes, Doyen, et Chapitre de Metz, et ordonne que le récolle-
« ment des Procès Verbaux d'apposition, levée de scellé, inven-

« taire de meubles et effets délaissés par l'Abbé de Favencourt,
« sera fait par les Officiers Royaux en présence de ceux du Cha-
« pitre, ou eux duement appellés. Il leur est fait en même temps
« deffenses d'apposer à l'avenir aucuns scellés sur les meubles
« et effets delaissés par les Bénéficiers qui décéderont pourvus de
« Bénéfices à la nomination du Chapitre, à peine de 500 liv.
« d'amende et de tous dépens, dommages et intérêts. »

« Arrest du Conseil d'Etat du Roi du 17 Avril 1751, par
« lequel S. M. ordonne qu'il sera incessamment procédé au
« recouvrement de la somme de 181.195 liv. 10 s. 5 d. res-
« tante dùe à la Régie de Gabriel Nicolas Bourriée, par plusieurs
« villes, communautés, ou particuliers acquéreurs d'Offices, de
« Trésoriers, Receveurs et Contrôleurs des Octrois, Tresoriers,
« Massards, Contrôleurs vérificateurs d'iceux, et autres Offices
« de la même nature, pour le payement de laquelle somme
« 19.403 livres 4 sols 4 deniers en argent et 71.792 livres
« 6 sols 1 denier en assignations du Trésor Royal, provenant
« du remboursement de pareils Offices supprimés, ou faute d'i-
« celles, en contrats de rentes perpétuelles, sur l'Hôtel de Ville
« de Paris, etc. »

AVIS DIVERS

—

LIVRES NOUVEAUX

« Principes de Religion, ou Préservatif contre l'Incrédulité.
« Volume in-12. *A Paris, chez Prault jeune, quai des Augus-*
« *tins, à La Lyre d'Or.* »

« Nouvelle Histoire Poétique, et deux Traités abrégés, l'un
« de la Poésie, l'autre de l'éloquence, composés pour l'usage de

« Mesdames, par M. Hardion, de l'Académie française. *A Paris,*
« *chez Jacques Guérin, Libraire-Imprimeur de Mesdames, rue*
« *du Foin ; et chez Després et Cavelier, rue Saint-Jacques, à*
« *Saint-Prosper et aux Trois Vertus.* »

« On propose par souscription la réimpression des Œuvres
« Morales, Mystiques, Physiques, de Médecine et d'Astronomie ;
« en 12 Tomes in-4°, par le docteur Dom Diego de Torres Vil-
« larroel, Professeur de Mathématiques. L'Auteur déclare qu'il
« abandonne le produit de cette Edition aux pauvres, et particu-
« lièrement à six pauvres veuves, et à six soldats invalides. »

CENT LOUIS A GAGNER

« Tabatière perdue le 30 avril dernier, en sortant de l'Opéra.
« Elle est carrée, de Porcelaine, doublée d'or ; le bec garni de
« brillans ; le dessus peint, représentant Jupiter entouré de Cupi-
« dons ; au bas de cette Boëte, quatre Cupidons entourés d'un
« nuage. Au-dedans, le Portrait d'une Dame. *S'adresser à M. le*
« *Duc d'Amilton, chez le sieur Perizy, Baigneur, rue Jacob,*
« *Faubourg Saint-Germain.* »

« Le sieur Andrieu, Chirurgien-oculiste à Lille-en-Flandres,
« vient de rendre la vue à une Fille aveugle-née, âgée de 6 ans,
« dont le père est ouvrier de la Paroisse d'Haubourdin. Cette
« opération a été faite le 22 du mois dernier en présence de deux
« Chirurgiens et des sieurs Boucher, de Cyrseau et de Henne,
« Médecins. Cette fille est parfaitement guérie et voit distincte-
« ment tous les objets. »

« M. Orry de Fulvy, conseiller d'Etat, Intendant des Finances,
« eut il y a environ 17 ans une jambe fracassée : cette jambe fut
« parfaitement réduite par les soins de MM. de la Peyronie,
« Morand et Heustet ; mais comme de temps en temps il y res-

« sentait des douleurs lancinantes et très aigues, il a ordonné,
« pour le bien des Citoyens, par un Article de son Testament,
« qu'elle serait portée au Collège et Académie Royale de Chirur-
« gie, pour y être disséquée, afin que l'on pût connaître la cause
« de ces douleurs périodiques. On donnera au Public les Obser-
« vations qui auront été faites à ce sujet. »

« De par la Reine, et Mgr. le Maréchal Comte de la Mothe-Hou-
« dancourt, son Chevalier d'Honneur.

« On fait à sçavoir à tous qu'il appartiendra, que le Marché de
« la Pourvoyerie de la Maison de la Reine est à donner au rabais
« et moins disans, pour 3 ou 6 années, à commencer du jour que
« Sa Majesté arrivera à Compiègne de la présente année 1751.
« Que ceux qui voudront y entendre ayent à se trouver à Ver-
« sailles le 9 à huit heures du matin au Bureau de la Reine dans
« le Grand Commun, le Mardi 18 du présent mois de mai, où
« l'on recevra les offres ; le mardi 25 dudit mois pour la seconde
« fois : et pour la troisième et dernière le Mardi premier juin sui-
« vant. »

« De par Madame la Dauphine, et Mr. le Maréchal de la Fare,
son Chevalier d'Honneur.

« On fait à sçavoir à tous qu'il appartiendra, que le Marché de
« la Pourvoyrie de la Maison de Madame la Dauphine est à
« donner au rabais et moins disans pour six années, à com-
« mencer au premier juillet 1751. Que ceux qui voudront y
« entendre ayent à se trouver à Versailles à l'appartement de
« mondit Seigneur les Mardi 25 mai, Samedi et 12 Juin de la
« présente année à quatre heures de relevée, où leurs proposi-
« tions seront écoutées, donnant bonne et suffisante caution. »

« Un Officier au Régiment des Gardes Suisses propose deux
« places dans un Berlingot qui va de Paris à Verdun ou à Metz.
« Il doit partir au commencement du mois prochain. *S'adresser*
« *à l'Hôtel et rue du Bouloir.* »

« Messir..... Crépau, ci-devant premier Vicaire de la Paroisse
« de Saint-Severin, a pris le 11 de ce mois possession de la cure
« de Saint-Pierre dans la Cité. »

« *Comme il y a des changemens dans les bureaux de MM. les*
« *Intendans des Finances, on croit devoir en informer le public.*
   « Les affaires des cinq grosses fermes, et toutes celles qui y ont
« rapport: *aux bureaux de M. de Trudaine, conseiller d'Etat,*
« *Intendant des Finances, rue des Vieilles Audriettes;*
   « Celles des domaines du Roi, des marques d'or, d'argent et
« de fer, du 20ᵉ, et des 2 sols pour livre du 10ᵉ, *chez M. de Bar-*
« *brie de Courtaye, Intendant des Finances, rue de l'Université.*
   « On sera plus particulièrement informé des autres change-
« mens. »

   « Il a été trouvé l'année dernière dans un carrosse de louage
« une canne à pomme d'or ; ceux qui l'ont perdue s'adresseront
« à M. Geormans, rue de la Verrerie, près le cimetière Saint-Jean,
« vis-à-vis un coutelier. »

———

SPECTACLES

   « L'Académie Royale de Musique donnera aujourd'hui jeudi
« 13 mai, demain vendredi 14 le ballet de Sens. Dimanche 16,
« relâche au Théâtre. »

   « Le concert spirituel du dimanche 16 mai commencera par
« une symphonie de M. Guillemant, maître de Flûte.
   « Ensuite, *Domine, in virtute tua*, Ps. 28, Motet à gr. ch. de
« M. Cordelet, maître de musique de l'Eglise de Saint-Germain-
de-l'Auxerrois.
   « M. Chiabran jouera une Sonate après le premier Motet, et
« un concerto nouveau de sa composition avant le dernier.

« Ensuite, *Laudate*, Ps. 150, Mot. à gr. ch. de M. Davesne,
« ordinaire de l'Académie Royale de musique.

« Le concerto annoncé ci-dessus.

« Le concert finira par *Diligam te, Domine*, Motet à gr. ch.
« de M. Gilles, dans lequel Madem. Chevalier chantera *Beata gens*.
« Récit ajouté de M. de la Lande.

« Mlle Fel, Mlle Chevalier, Mlle du Perey, M. Benoit, M. Ma-
« lines et M. Poirier chanteront dans les Motets ci-dessus.

« A jeudi 20 Mars, Concert. »

« Les Comédiens Français donneront aujourd'hui Jeudi 13 Mai
« les *Dehors Trompeurs*, et pour petite pièce *Zénéidée*. L'Actrice
« nouvelle jouera dans les deux pièces les rôles d'amoureuse.

« Vendredi 14, le *Festin de Pierre* et la *Famille extravagante*.

« Samedi 15, *Venise sauvée* et l'*Épreuve réciproque*.

« Dimanche 16, relâche au Théâtre. »

« Les Comédiens Italiens donneront aujourd'hui Jeudi 13 Mai
les Fausses confidences, suivie du Ballet de la Ginguette.

« Le vendredi 14, une pièce nouvelle italienne, suivie du *Mai*,
« nouveau Ballet Pantomime. Le Samedi 15, la parodie de Thetis
« et Pelée, précédée de l'*Épreuve*.

« Dimanche 16, relâche au Théâtre. »

———

ENTERREMENS

DU 7 MAI

« De très haut et très puissant seigneur Louis *De la Roche-*
« *foucault*, Marquis de Roye, lieutenant-général des galères de
« France, à Saint-Sulpice. »

DU 8

« De Dame Jeanne-Elizabeth Relard de Fontenay, épouse de
« M. Thomas Urbain *Moussion*, chevalier, Sgr de Candé, con-
« seiller au Grand Conseil, décédée rue du Hazard, à Saint-Roch.

« De M. Claude-René *Sebre*, Juge-Consul en exercice, décédé
« rue Saint-Honoré, à Saint-Roch.

« De très haute et très puissante Dame Angélique-Françqise
« de..... veuve de très haut et puissant Seigneur Henri *Des-*
« *tampes*. comte de Valençai, décédée rue de Seine. Transportée
« aux Carmes Déchaussés.

« De Gaspar Gautier, Interprète du Roi pour les Langues
« Orientales, décédé rue de la Harpe, à Saint-Severin. »

DU 10

« De Demoiselle Angélique-Massive Darmancourt, décédée rue
« Traversière, à Saint-Roch. »

DU 11

« De M. Antoine de Pellequin, Ecuyer, Chevalier de l'Ordre
« Royal et militaire de Saint-Louis, ancien Major d'Infanterie,
« décédé au Château des Thuilleries, à Saint-Germain-l'Auxer-
« rois.

« De M. Jean Baptiste *Bourdeaux*, marchand de drap, ancien
« garde de sa communauté, décédé place du Chevalier du Guet,
« A Saint-Germain-l'Auxerrois.

« De Dlle Agnès *François*, fille agée de 90 ans, décédée quai
« des Célestins, à Saint-Paul.

« De dame Marie Magdeleine Berryer. épouse de M. *Marin*,
« Procureur au Parlement, rue de la Verrerie, à Saint-de-Grève. »

COURS DES EFFETS COMMERCIABLES

« Actions du Lundi 10 Mai 1751, 1912 liv. 10 sols.
    —   du Mardi 11 Mai, point de cours
    —   du Mercredi 12 Mai, point de cours.
« Billets de la Loterie Royale du 2 octobre 1847.   700 liv.
« Billets de la seconde Loterie R. du 1er août 1748.639.638

« Billets d'emprunt de la compagnie des Indes, sçavoir:

— Juillet. . . . . 5ı8 liv.
— Août . . . .
— Septembre . . . .
— Octobre . . . .
— Novembre . . . .
— Décembre . . . .

CHANGES

« Amsterdam. 55
« Anvers. 56 5/8
« Londres 3ı 5/16
« Hambourg ı84
« Madrid . . . . ı5 liv. 3 s. 6 d.
« Cadix. ı5   2
« Genes . . . .
« Livourne 93
« Lyon, payement de Pâques ı/2 pour cent perte

De l'Imprimerie de Jacques Guérin, rue du Foin. Au Bureau d'Adresses et de Rencontres, rue Baillette, vis-à-vis l'Hôtel de la Monnaye. Avec Privilège.

CHAPITRE V

E tout ce qui précède, nous pouvons donc con-
clure que la *publicité* était créée de toutes
pièces dès le milieu du xviiie siècle.

De 1750 jusqu'en 1889 parurent une foule de feuilles
spéciales : journaux économiques, littéraires, critiques,
ecclésiastiques, de droit, de médecine, militaires, etc., etc.,
où les réclames et les annonces commençaient à tenir
bonne place.

Il y eut surtout des *journaux industriels* et des *journaux
de modes* où la réclame atteignit des hauteurs que nous
n'avons pas dépassées.

Parmi les plus curieux de ces journaux industriels.
nous citerons *la Feuille nécessaire*, dont le premier numéro
parut en 1759 et qui nous a laissé des modèles types de
l'annonce; je cite :

« Il vient d'éclore dans l'empire de la mode un petit phéno-
« mène qui pourra bien avoir son succès comme tant d'autres de
« la même espèce. C'est un éventail fort riche et d'une forme
« différente de tous les autres. Sa sculpture et sa découpure sont

« d'un goût tout à fait nouveau. Ce que cet éventail a de plus
« singulier et peut-être de plus agréable. c'est que lorsqu'il est
« fermé il a la forme d'un bouquet. Le sieur Le Tuteur, qui l'a
« inventé, et qui demeure à Paris, rue Saint-Martin, vis-à-vis le
« Prieuré, paraît un homme capable d'imaginer et d'exécuter
« beaucoup de choses en ce genre.

« La curiosité étant à peu près égale dans les deux sexes, et les
« femmes aimant presqu'autant que nous à rapprocher d'elles
« les objets qui leur paraissent intéressants, on a imaginé le
« moyen de satisfaire ce désir sans blesser la modestie : on en-
« châsse dans les brins de l'éventail une lorgnette dont nos dames
« peuvent faire usage sans se compromettre, et qui forme une
« espèce de contre-batterie qu'elles peuvent opposer aux lor-
« gnettes indiscrètes de nos petits-maîtres. »

Et plus loin :

« On vient de nous communiquer un mémoire manuscrit con-
« cernant une liqueur dont les avantages seront très précieux
« s'ils sont réels. On assure, d'après des expériences réitérées,
« qu'elle dissipe entièrement la puanteur que produit la vidange
« des fosses d'aisances, article très important dans une ville telle
« que Paris. Cette liqueur sera encore très utile dans la chambre
« d'un malade, pour en chasser le mauvais air... L'inventeur,
« nommé Soubeyran de Montesorgues, a encore trouvé une
« liqueur propre à éteindre le feu. »

Mais ces citations. pour si curieuses qu'elles soient, nous
entraîneraient trop loin.

Cependant, puisque nous avons parlé de la publicité des
Journaux de modes, nous ne pouvons résister à l'envie de
cueillir cette jolie page de Grimm, l'ancêtre de Thomas
Grimm du *Petit Journal*.

C'est à propos du *Courrier de la mode*, qui se lança vers

1768, que le chroniqueur alors aimé du public nous initie aux vertus de l'annonce *à la mode* :

« Un adorateur de la plus belle moitié du genre humain vient
« de nous annoncer un nouveau journal, mais d'une nécessité si
« absolue et si indispensable que je ne conçois pas comment
« nous avons fait pour nous en passer jusqu'à présent. Ce journal
« sera intitulé le *Journal du Goût* ou *Courrier de la Mode*. Il
« paraîtra tous les mois et donnera chaque fois, en une demi-
« feuille in-8°, le détail de toutes les nouveautés relatives à la
« parure et à la décoration. Il indiquera les différents goûts
« régnants dans toutes les choses d'agrément, avec le nom des
« artistes chez lesquels on les trouve. Il y joindra le titre des
« livres de pur amusement et même l'ariette courante : mais ces
« deux derniers articles ne seront que hors d'œuvre, pour délas-
« ser de matières plus importantes. M. Dulac, parfumeur, rue
« Saint-Honoré ; M. Lesprit, pour la coupe des cheveux, rue
« Saint-Thomas-du-Louvre : M. Frédéric, coiffeur de dames ;
« Mme Buffault, *aux Traits Galants :* Mlle Alexandre, rue de la
« Monnaie : voilà les grands noms qui vont briller dans les fastes
« immortels du *Courrier de la Mode*, et faire taire les envieux
« de notre gloire qui voudraient persuader à l'Europe qu'il n'y a
« plus de génies créateurs en France. Si l'auteur qui a la modestie
« de ne pas se nommer veut encore, comme il le doit, avoir
« soin d'employer avec précision et exactitude la véritable nomen-
« clature de chaque chiffon, nous aurons à la fin de l'année un
« dictionnaire des modes les plus curieux, et un monument éter-
« nel de la richesse de la langue française. Les derniers bonnets
« des dames étaient, si je ne me trompe, des *bonnets à la débâcle*,
« à cause de la débâcle de la Seine de l'hiver dernier. Mais il y a
« eu depuis cette époque, peut-être, nombre de découvertes
« importantes et nouvelles que je suis assez malheureux pour
« ignorer encore. La lecture du *Courrier de la Mode* me tiendra
« désormais au courant de cette science également profonde et
« agréable.

« La souscription pour ce journal n'est que de trois livres par
« an : mais quand on pense à combien de millions d'âmes en
« Europe et en Amérique ce journal est indispensablement néces-
« saire, on prévoit que, moyennant un petit privilège exclusif
« pour les deux hémisphères, le profit de l'auteur sera immense,
« sans compter les présents que les marchandes de modes feront
« à madame son épouse, s'il en a une, comme je l'espère. Mais
« je crains toujours qu'un génie ennemi de notre gloire ne s'op-
« pose à une entreprise si utile et n'étouffe ce projet dans son
« berceau ; le premier journal du *Courrier de la Mode* devait
« paraître au commencement d'avril et voilà le mois qui s'avance
« sans que le *Courrier de la Mode* ait fait claquer son fouet. »

Ce *Courrier de la Mode* parut, bien entendu, quelques
jours après l'article de Grimm, précédant d'autres publications similaires : la *Poupée modèle*, le *Cabinet des Modes*,
le *Journal des dames et des Modes*, etc., etc.

' : *Cabinet des modes*, entre autres, est le premier qui fit,
vers 1785, accompagner son texte de gravures coloriées : il
compte aussi à son actif quelques réclames bien curieuses :
en voici une qui ne déparera pas la collection :

« AVIS AUX DAMES. — Le rouge est très ancien. Il était
« même chez les païens d'institution divine. Junon s'en servait :
« sans doute ce n'était pas le jour où elle emprunta la ceinture
« de Vénus. Ce qui est sûr, c'est qu'une de ses suivantes vola un
« pot de fard sur sa toilette pour le donner à Europe.
« Europe l'apporta dans cette partie du monde qui porte son
« nom : c'est en France surtout que les dames s'empressèrent
« d'adopter une mode qui venait du ciel : et, depuis les Pictes,
« l'art a conservé le droit d'embellir la nature.
« Cet honneur coûta à l'art bien des travaux et bien des
« peines. Combien de fois les grâces rebutées de ses essais infor-

« mes, et peut-être dangereux, implorèrent les lumières des
« savants chargés de veiller sur leurs charmes ! Enfin, voici un
« nouveau procédé que la Société royale de médecine approuve
« et garantit. C'est Flore, elle-même, qui l'a fourni à la demoi-
« selle Latour. Son rouge a le parfum et le coloris de la rose.
« Elle demeure rue Montmartre, n° 182, vis-à-vis le bureau des
« Messageries. »

Voilà donc toute la publicité légère, caustique et ampou-
lée qui, des chroniques et des feuilles rimées du moyen
âge, nous conduit à *la Gazette*, de *la Gazette* à la *Muse de
Loret* et au *Mercure*, puis au flot montant des journaux,
embrassant toutes les industries, tous les arts, toutes les
sciences.

C'est la publicité du xix⁰ siècle qui pose ses assises, que la
Révolution ne parviendra pas à ébranler.

SIXIÈME PARTIE

CHAPITRE PREMIER

LA PUBLICITÉ DANS LES JOURNAUX PENDANT LA RÉVOLUTION

ON nous croira sans peine quand nous dirons que sous la Révolution la publicité ne fut pas des plus brillantes, malgré l'essor que prit le journalisme.

Comme l'écrivait le père Duchesne dans ses *Lettres bougrement patriotiques* :

« Le journalisme est sorti tout armé du cerveau de la Révolu-
« tion; à peine né. il est l'arène des grandes batailles... »
« Avec des plumes, on a fait foutre à bas les plumets des preux:
« avec des plumes on a balayé des boulets, encloué des canons:
« avec des plumes, on fait danser une gavotte à dame Bastille;
« avec des plumes, on a ébranlé les trônes des tyrans, remué
« le globe et piqué tous les peuples pour marcher à la liberté... »

Mais, ajouterons-nous, avec ces mêmes plumes on faisait peu de publicité.

Louis Blanc, dans son *Histoire de la Révolution*, a consacré une page à cette effervescence du journalisme :

« La Révolution, dit-il. ayant apporté avec elle le journalisme,
« il y eut dans l'espace de quelques mois une éruption sans
« exemple de feuilles mensuelles, hebdomadaires, quotidiennes,
« royalistes ou populaires, élégiaques ou satiriques, retenues ou
« effrénées. distillant le poison ou distribuant l'injure. semant
« l'erreur, servant la calomnie, proclamant la vérité, donnant un
« écho à toutes les passions, faisant tomber un éclair sur toutes
« les idées et réunissant. dans je ne sais quel fantastique concert,
« tous les bruits de la nature, depuis le rugissement du lion jus-
« qu'aux cris des oiseaux moqueurs... »

Aussi que d'inventions, que d'efforts pour avoir part à l'exercice de cette souveraineté flottante ! A côté des journaux qui se vendaient, il y eut ceux qui se donnèrent ; à côté des journaux qui allaient chercher le lecteur au fond de sa demeure. il y eut ceux qui attendirent et arrêtèrent le passant au détour des rues.

Le journalisme imprimé, le journalisme crié (fig. 16), le journalisme colorié. le journalisme collé le long des murs se disputèrent un public avide.

Ce fut comme au temps de la fronde :

> Les vendeurs de vieille ferraille
> Les crieurs d'huîtres à l'écaille
> Les appentis et les plus gueux
> Qui n'avaient aucun exercice
> D'abord, comme en titre d'office,
> Avec messieurs les crocheteurs
> Se faisaient tous colleporteurs.

Ce fut du reste à la suite de ces excès, renouvelés sans

Fig. 16. — Crieur de *Gazette*. — Tiré des *Cris de Paris* de Poisson, 1774.

cesse, que le 5 nivôse an V parut une loi qui défendait aux colporteurs d'*annoncer publiquement les journaux ou écrits périodiques autrement que par leur titre.*

C'est cette loi que nos législateurs ont remis en usage — en l'année 1892. — comme pour fêter son centenaire.

C'est une loi que nous citons à propos des *journaux criés;* nous rapporterons une anecdote à propos des *journaux affiches*, anecdote qui a une saveur d'actualité pour ceux qui se rappellent la lutte encore récente entre les colleurs d'affiches du *Journal* et de l'*Écho de Paris*. Le *Journal de la cour et de la ville* nous raconte en effet qu'à l'un des angles des rues Saint-Lazare et du Mont-Blanc, le colleur de la *lettre de Pétion* à ses commettants guettait le colleur du *Chant du Coq* et attendait qu'il fût parti pour le couvrir immédiatement. Ce dernier avait remarqué son antagoniste; en conséquence. il colla son journal et fit semblant de s'en aller. Mais il revint sur ses pas et, trouvant sur son *Coq* la *lettre de Pétion*, il la couvrit à son tour, ce qui faisait dire aux loustics du temps que ce pauvre Pétion était collé entre deux coqs.

Cependant de temps à autre la publicité donnait signe de vie.

Le *Moniteur universel*, qui datait du 5 mai 1789, publiait, vers la fin du mois de novembre de la même année. un avis où nous voyons mentionner pour la première fois le prix des annonces. Toute annonce signée d'une personne connue y sera insérée moyennant trois livres pour dix lignes d'impression et au-dessous; six livres, depuis onze jusqu'à vingt lignes; douze livres, depuis vingt et une lignes jusqu'à trente lignes; dix-huit livres, depuis trente et une lignes jusqu'à quarante lignes, et vingt-quatre livres, depuis quarante et une jusqu'à cinquante lignes.

Créé à peu près à la même époque que le *Moniteur*, le *Journal des Débats et Décrets*, fondé par Barrère et Louvet, souche du *Journal des Débats* actuel, ne recevait pas d'annonces, et ce n'est que dix ans après sa fondation, vers 1799, que nous voyons apparaître quelques réclames de librairie : l'annonce d'un *Opuscule* de Rollin sur la *Fondation de la République*, au prix de 0 fr. 10: la mise en vente de l'*Histoire naturelle* de Buffon, etc., etc.

Mais c'est dans la *Chronique de Paris*, que rédigeaient Condorcet, Rabaut, Saint-Étienne et Ducos, et qui passait, au témoignage de Camille Desmoulins — qui n'était pas prodigue d'éloges — pour le mieux fait des journaux de la capitale; c'est dans la dite *Chronique* que nous trouvons le 4 décembre 1789 un avis bien curieux au sujet des annonces :

« On nous adresse chaque jour des annonces et des prospec-
« tus qu'il nous est impossible d'insérer dans notre feuille, con-
« sacrée particulièrement aux nouvelles politiques et littéraires,
« sans en détruire l'intérêt. Nous prévenons donc tous ceux qui
« pourront nous adresser à l'avenir des annonces, des prospectus,
« des avis d'effets perdus, des maisons à louer, à vendre, etc..
« que tous ces objets seront insérés dans un supplément de la
« *Chronique*, qui sera publié dès qu'il y aura de quoi composer
« quatre pages.

« Le prix d'impression, papier et distribution de la feuille de
« quatre pages ou huit colonnes est de 200 livres et 100 livres
« pour deux pages ou quatre colonnes.

« Lorsque les articles pourront entrer dans une colonne, ou
« moins, on ne paiera que 3o livres ; 15 livres lorsqu'ils ne for-
« meront que dix lignes et au-dessus ».

Après cet intéressant exposé des prix de la publicité il
y a un siècle, nous trouvons encore à glaner dans la *Chronique de Paris* du 31 octobre 1789 cette amusante annonce :

« Un de nos correspondants nous propose de faire servir nos
« feuilles à diminuer le nombre des célibataires, en annonçant,
« comme dans les papiers anglais, les demandes de tel garçon
« ou de telle demoiselle qui aurait le désir du mariage, sans
« avoir de vues prochaines, et de rapprocher ainsi des personnes
« qui, pour s'unir, n'auraient besoin que de se connaître.
« Nous pensons comme lui sur les dangers du délit et sur
« ses funestes influences et nous désirerions pouvoir contribuer
« à la population du royaume. En conséquence, nous recevrons
« volontiers les lettres qu'on nous adressera à ce sujet, pourvu
« qu'elles soient courtes et ne contiennent que les indications
« nécessaires. »

Probablement ces annonces eurent un certain succès,
car en 1791 la chronique se décida à faire paraître un
supplément quotidien pour faire concurrence aux *Petites
Affiches.*

La vieille *Gazette* suivit bientôt cet exemple, et au mois
de décembre 1792 nous la voyons insérer :

« Que les personnes qui désireraient faire publier des avis ou
« *annonces*, de quelque nature qu'ils soient, et même des lettres
« et des opinions particulières sur toutes sortes de sujets (faits
« divers ou articles communiqués), peuvent les adresser au

« bureau de la *Gazette*, où ils seront insérés avec exactitude dans
« un supplément du journal. Les articles qui n'auront que
« six lignes coûteront 30 sous, et 7 sous par ligne s'ils ont plus
« d'étendue. »

.·.

A ces citations de publicité industrielle qui nous donnent
une idée suffisamment exacte des annonces sous la Révolution, nous sommes heureux de pouvoir joindre un bon
exemple — le premier croyons-nous — d'un essai de publicité administrative. C'est Rœderer, *procureur-général-
syndic du département de Paris*, écrivant la lettre suivante
aux rédacteurs de la *Chronique de Paris* :

« *Paris, le 8 février 1792, l'an IV de la Liberté.*

« Je vous demande, Monsieur, de me donner deux fois par
« semaine un espace de vingt lignes dans votre journal : je vous
« le demande pour les contributions directes. L'administration
« a besoin de l'aide des journaux pour obtenir non seulement
« le paiement de ses contributions, mais encore leur assiette :
« les journaux sont nécessaires pour les contribuables, pour les
« percepteurs, pour les officiers municipaux, pour les adminis-
« trateurs pour les *procureurs-généraux-syndics*, pour les
« *ministres* ; il les faut pour vaincre une foule de petites oppo-
« sitions diverses, pour livrer à la censure celles qui, provenant
« d'une malveillance sourde, échappent à l'action de la loi ; pour
« environner de lumières celles qui ne proviennent que de
« l'ignorance, et d'aiguillons celles qui sont l'effet de la ; il les
« faut pour appliquer chaque jour ces moyens aux circons-
« tances, pour pénétrer dans tous les esprits, dans toutes les

« volontés : en un mot pour faire à l'aide des *nouvelles* qui
« piquent la curiosité, ce que ne peuvent faire ni les lois, ni les
« magistrats, ni même les livres : car les livres ne parlent
« d'impôt qu'à la raison et n'en parlent pas à tout le monde, et
« ne distribuent pas les détails de leurs opérations à mesure du
« besoin.

« Je compte commencer dès demain, Monsieur, la corres-
« pondance que je vous prie de m'ouvrir avec le public. Voici
« l'ordre que je me propose de suivre :

« Je parlerai, dans les premiers numéros, de l'arriéré des con-
« tributions : dans les suivants, il s'agira des contributions de
« 1791 et des opérations à faire pour celles de 1792.

« Relativement à l'arriéré, je vous ferai passer une liste d'envi-
« ron cinq cents personnes de Paris qui n'ont pas payé leur
« vingtième et leur capitation depuis quatre, cinq, six et sept
« années. Ce sont pour la plupart des *ci-devant ducs, barons,*
« *marquis, comtes, vicomtes, vidames, présidents, conseillers,*
« *hauts et puissants financiers,* dont vous noterez bien que les
« propriétés étaient imposées moitié moins que celles de simples
« citoyens...

« RŒDERER. »

Nous en resterons là avec notre *publicité* pendant la
période révolutionnaire, car nous ne saurions faire riche
moisson dans les journaux ultra-politiques comme
l'Ami du peuple, de Marat : *les Révolutions de Paris*, de
Tournon : *le Défenseur de la Constitution*, de Robespierre ;
le Vieux Cordelier, de Camille Desmoulins : *le Point-du-
Jour*, de Barère : *le Père Duchesne*, d'Hébert, ou *le Tribun
du peuple*, de Babeuf... La publicité n'avait rien à faire
dans ces galères.

CHAPITRE II

ous n'apprendrons rien à personne en disant que Napoléon Bonaparte, consul ou empereur, ne fut pas tendre pour la presse et qu'il n'admettait guère d'autre publicité que celle des *Bulletins de la Grande Armée*.

Consul, il combattit les journaux par tous les moyens possibles ; empereur, il les écrasa.

Le Courrier de l'Armée d'Italie, qu'il fonda ou aida à fonder à la fin de thermidor an V. suffit à ses premiers besoins. Le 2 mai 1803, notre premier consul. voulant savoir à quoi s'en tenir, demanda à Rœderer — déjà cité — un tableau statistique de la presse existant alors ; il lui fut donné sous ce titre :

Nomenclature des Journaux, Ouvrages périodiques et par sous-criptions qui ont été expédiés par la poste pendant le mois de Germinal an XI avec le nombre présumé de leurs abonnés dans les départements (non compris les envois affranchis faits par l'État).

Le Moniteur.	2.450	abonnés
Le Publiciste	2.850	—
Journal des Débats	8.150	—
Gazette de France	3.250	—
La Clef des cabinets des souverains.	1.080	—
Le Citoyen français.	1.300	—
Journal des défenseurs de la patrie	900	—
Journal du soir	550	—
Feuille économique.	2.500	—
Journal du Commerce	1.580	—
Journal de Paris	600	—
Journal d'annonces.	24	—
Anciennes Affiches	20	—
Petites Affiches.	30	—
Courrier des spectacles.	170	—
Total.	25.454	—

Puis une longue liste de feuilles ne paraissant pas tous les jours et dans laquelle nous relevons :

La Décarde philosophique	666	abonnés
Journal des Dames.	830	—
Journal du Palais	640	—
Instructions décadaires.	1.454	—
Journal des sciences	281	—

Journal de médecine . . . . 418 abonnés
Mercure de France. . . . . 830 —
Recueil des causes célèbres . . . . 188 —
Journal militaire . . . . 170 —
Journal des Mines . . . . 75 --
Les Ephémérides. . . . . 136 —

etc., etc.

Sous le consulat, comme plus tard sous l'Empire. l'organe le plus important était le *Journal des Débats*.

Comme nous l'avons dit. fondé. en 1789. il parut tout d'abord sans insérer aucune annonce ni réclame, mais en 1799, après avoir été acheté 20.000 francs par les frères Bertin. il prit une tout autre allure.

Le 8 pluviôse an VIII. le *Journal des Débats* inaugure les FEUILLETONS, et dans le deuxième nous dénichons une amusante réclame :

MAISON DE REIMS

Ci-devant

CAFÉ DES AVEUGLES

PALAIS-ÉGALITÉ

Sous la Galerie vitrée, près le Théâtre de la République

« Postal, restaurateur et limonadier, donne à dîner à un prix
« modéré ; également à souper et à déjeuner. De l'exactitude dans
« le service, l'agrément d'une bonne musique, exécutée par des
« citoyens à talents : des vins de toutes qualités, café, liqueurs.
« punch, etc... Il y a des cabinets particuliers pour les sociétés.
« En outre, un citoyen qui joue de six instruments et qui est
« extraordinaire en son genre. »

.*.

Ce fut le commencement de ces feuilletons que la critique rendit plus tard célèbre.

Mais nous sommes arrivés au milieu des foudres impériales.

Peu à peu, les journaux frappés, suspendus, supprimés, disparaissent : au commencement de 1811, le *Journal des Débats* lui-même est confisqué par l'État, Bertin chassé, et sa feuille prend le titre de *Journal de l'Empire*.

De tous les journaux qui existaient au commencement du siècle. on peut dire que vers 1811 il ne s'en trouvait plus que quatre s'occupant de nouvelles politiques et ayant encore une certaine publicité.

Ces quatre. nous pouvons les nommer, s'appelaient *le Moniteur. le Journal de l'Empire, la Gazette de France et le Journal de Paris.*

Les autres supprimés...... crac.....

Cependant au milieu de cette hécatombe de feuilles, parmi cet engourdissement de la publicité, nous avons trouvé sous l'Empire un lot suffisant de réclames dans les journaux officieux et officiels, pour donner une idée de l'annonce sous Napoléon Ier.

C'est, par exemple. dans le *Moniteur universel* du 4 avril 1810, un AVIS en deuxième page :

« Mme veuve Emch succédant à son mari dans la place de
« suisse des Messageries, rue Notre-Dame-des-Victoires, continue
« toujours à vendre la véritable eau de Cologne de Jean-Marie
« Farina, vis-à-vis la place Juilliers, à Cologne. »

Nous en trouvons même une plus drôle encore que nous cueillons dans ce même *Moniteur*, du 13 avril 1810, sous la rubrique :

ARTS INDUSTRIELS

« M. Zuidermann, facteur de piano-forts et de harpes sérieuses
« ou d'Eole, vient de faire des pianos en acajou et à deux cordes
« qui pourront être utiles aux compositeurs et aux personnes
« qui voyagent, etc. Ces pianos ont vingt-six pouces de longueur
« et douze de largeur. Ils ont trois octaves et demi y compris
« les notes additionnelles. Les compositeurs pourront s'en
« servir dans leur lit : les dames qui voyagent (ô Reyer !)
« peuvent avoir un pareil piano devant elles à hauteur conve-
« nable.

« Les personnes qui désireront voir lesdits pianos s'adresse-
« ront chez M. Zuidermann, rue du Temple, n° 22. M. Zui-
« dermann peut en porter un pour le faire voir et entendre aux
« personnes qui ne pourraient pas se rendre chez lui. »

Mais de pareilles annonces étaient assez rares au *Moniteur*, et nous trouvons une mine plus riche dans le *Journal de l'Empire*, dont la clientèle officielle tentait plus les gros négociants.

Voici dans ledit *Journal de l'Empire* du 8 mars 1812 la réclame d'un rival de Pasteur :

« Dans ce moment, les grands fleuves présentent le phéno-
« mène d'une crue extraordinaire : leurs eaux sont jaunes et
« limoneuses. On sent plus que jamais le besoin de leur filtra-
« tion pour la boisson. Nous rappellerons donc au public l'éta-
« blissement de M. Du Commum, rue Ventadour, n° 1, dont
« les magasins sont assortis de fontaines garnies de *filtres de*
« *charbon*, sous des formes variées et agréables, susceptibles

« d'être expédiées dans les départements et à l'étranger. Il est
« placé également dans les fontaines que les particuliers pos-
« sèdent chez eux. »

Puis toujours au bas du « feuilleton » les invariables
annonces du libraire :

« Géométrie descriptive de G. Monge, de l'Institut des
« sciences, lettres et arts, professeur à l'École polytechnique,
« membre du Sénat conservateur, grand-officier de la Légion
« d'honneur et comte de l'Empire. Nouvelle édition avec un
« supplément par M. Hachette, instituteur de l'École Impériale
« Polytechnique, professeur adjoint de la Faculté des sciences
« de Paris. Un vol. in-4° avec trente-cinq planches. Prix : 15 fr.
« et 18 fr. par la poste. Le supplément avec onze planches se
« vend 6 fr. et 7 fr. 50 par la poste.
« A Paris, chez Closterman fils, rue du Jardinet, n° 13, et chez
« Le Normant, imprimeur-libraire, rue de Seine. »

C'est encore dans le *Journal de l'Empire* que nous
assistons aux débuts de cette annonce classique :

« Hier, à minuit, le thermomètre de M. Chevalier marquait
« 14 degrés 6/10. Aujourd'hui, à midi, il était à 18 deg. 5/10 ; à
« une heure après-midi, 19 deg. ; à deux heures, 18 deg. 7.10. »

Mais décidément, sous l'Empire comme aux XVII° et
XVIII° siècles, les grands usagers de la publicité étaient les
« insecticides » ; nous les trouvons toujours et partout.

Finissons-en avec la publicité impériale en transcrivant
cette perle du *Journal de l'Empire*, du 10 mai 1812, où
punaises et préfets sont mêlés :

« On a plusieurs fois [recommandé dans ce journal l'usage du
« spécifique inventé par M. Faget pour la destruction des

« punaises et de leurs œufs : on s'empresse encore d'annoncer
« aujourd'hui que chaque année l'expérience confirme de plus
« en plus les avantages de cette heureuse découverte : l'effica-
« cité en est attestée par plusieurs administrations publiques qui
« l'ont soumises aux plus fortes épreuves.

« Nous avons sous les yeux une lettre adressée à l'inventeur
« par M. le Préfet du département du Pas-de-Calais. dans
« laquelle ce magistrat lui exprime. dans les termes les plus
« flatteurs, sa reconnaissance du service qu'il a rendu à plusieurs
« hospices de son département. On ne peut rien ajouter à des
« témoignages aussi recommandables.

« M. Faget demeure toujours à Paris, rue Croix-des-Petits-
« Champs, n° 47, en face celle Coquillière : ses flacons sont de
« 3 et 6 francs : il fait des envois dans les départements et chez
« l'étranger. On affranchira les lettres et l'argent de la demande.

« Il faut à la rigueur un flacon du prix de 6 fr.. pour désin-
« fecter une chambre à coucher, un flacon de 3 fr. suffit par
« couchette. »

Cette réclame-empire sent un peu notre réclame actuelle.
à cette différence près que, de nos jours. l'inventeur ajoute
pour le public devenu méfiant : *Vu pour la légalisation de
la signature, etc...*

Ainsi donc, de réclames en réclames. d'annonces en
annonces, nous en sommes venus à la fin de l'Empire :
nous avons pénétré dans le siècle actuel.

La publicité du xix° siècle, que nous venons d'attaquer
par le menu, trouvera son historique dans les chapitres et le
volume suivants.

CHAPITRE III

 A fin du premier empire fut le commence-
ment d'une nouvelle période pour la presse.
Les journaux supprimés reparurent, de
nouvelles feuilles furent créées et, suivant un
rapport adressé au Ministère, en 1824, voici
quelle était la situation de la presse périodique en 1824 :

Le Gouvernement avait pour lui six journaux qui comptaient ensemble 14.344 abonnés, savoir :

Le Journal de Paris	4,175	abonnés.
L'Etoile.	2.749	—
La Gazette	2.370	—
Le Moniteur	2.250	—
Le Drapeau blanc	1.900	—
Le Pilote	900	—

L'opposition avait également six journaux, mais d'une
importance bien supérieure :

Le Constitutionnel	16.250	abonnés.
Le Journal des Débats	13.000	—
La Quotidienne.	5.800	—
Le Courrier Français	2.975	—
Le Journal du Commerce . .	2.380	—
L'Aristarque.	925	—

Soit un total de . . . . . . 41.330 abonnés ;
Différence en faveur de l'opposition : 31.420.

Trois ans plus tard, en 1827, nous trouvons à Paris 132 journaux ou publications périodiques dont 15 feuilles spéciales d'annonces.

Mais la publicité languissait; tout était à la politique, et cependant les journaux avaient besoin d'argent pour payer les amendes qui tombaient dru comme la grêle en avril.

Un tableau dressé, en 1833. des procès de presse intentés jusque-là par le gouvernement de juillet en porte le nombre à 411 ; il en serait résulté 143 condamnations donnant 65 ans de prison et 350.000 francs d'amende. Pour sa part, *la Tribune*, pendant une existence d'environ quatre années, fut l'objet de 111 poursuites qui aboutirent à 20 condamnations formant un total de 49 mois de prison et de 158 000 francs d'amende.

En 1836, les journaux de Paris comptaient 70.000 abonnés et 200.000 en 1846 ; c'était déjà le triomphe de *la presse à bon marché*, triomphe qui ne fut obtenu que par une innovation géniale : *la publicité à bon marché*.

Cette rénovation de la publicité date de 1845, et nous la

décrirons en suivant page par page et presque jour par jour
les annonces qui parurent à cette époque dans les grands
journaux parisiens et surtout dans *la Presse*. qu'Émile
de Girardin lançait alors à toute vapeur.

Citons et extrayons.

Voici un premier avis de :

LA PRESSE, 29 avril 1845

ABUS DES ANNONCES DÉGUISÉES*

———

« Beaucoup de commerçants, abusés par d'insinuans intermé-
« diaires, croient faire à la fois acte d'habileté et de convenance
« en déguisant tant bien que mal les annonces de leurs maisons
« et en présentant au public ces annonces délayées sous forme
« d'*articles*, écrits on ne sait en quelle langue et portant préten-
« tieusement des titres comme ceux-ci : *Bulletin de modes, Re-*
« *vue de l'Industrie*, etc., etc.

« C'est là une erreur profonde.

« Le moindre défaut de ces articles est de coûter fort cher, en
« raison des développemens sous lesquels ils s'efforcent de cacher
« leur origine.

« Ils ne trompent personne.

« Ou ils ne sont pas lus, ou ils sont tournés en dérision.

« Pour être utile à celui qui les fait et commander la confiance
« de celui à qui elle s'adresse, l'annonce doit être :

« Concise,

« Simple,

« Franche,

« Ne porter jamais aucun masque,

« Marcher toujours droit à son but la tête haute.

« Partout où la publicité des annonces est bien entendue, elle
« a soin de se dégager de tout charlatanisme ; elle est l'enseigne
« d'un magasin mis sous les yeux du public par la voie des jour-
« naux, ou bien encore la carte d'un négociant.

« La publicité ainsi comprise se réduit à dire : *Dans telle rue,*
« *à tel numéro, on vend telle chose, à tel prix.*

« Tout commentaire, s'il n'est pas nuisible, est au moins su-
« perflu : tout éloge, au lieu d'appeler la confiance, provoque l'in-
« crédulité.

« Grâce à la classification méthodique des *annonces-réclames*
« adoptée par la *Presse*, à l'instar des journaux anglais et améri-
« cains, grâce à l'uniformité des caractères qui servent à compo-
« ser ces annonces et aux filets qui les séparent, *deux lignes*
« coûtant *six francs* sont plus certainement lues et atteignent
« plus sûrement le but qu'elles se proposent que *vingt* lignes
« ailleurs coûtant 60 *francs* ; enfin, *cent quatre* petites *annonces·*
« *réclames* de deux lignes seulement, c'est-à-dire une réclame
« répétée *deux fois* par semaine pendant *tout une année*, qui ne
« coûtera que 500 francs, produira indubitablement dix fois,
« vingt fois plus que douze articles chacun de cent lignes, payés
« 3.000 *francs* dans certains journaux.

« Le jour où les commerçans prendront la peine de se rendre
« compte par eux-mêmes de la vérité des observations qui pré-
« cèdent, aucune annonce désormais n'excédera dix lignes ; alors
« ce ne sera plus, comme aujourd'hui, 500 personnes seulement
« qui auront recours à la publicité, mais 10.000, 20.000 per-
« sonnes ; peut-être même est-il permis d'affirmer que dans un
« temps peu éloigné aucune transaction n'aura lieu que par la voie
« de la publicité des annonces de journaux, mais judicieusement
« comprise et franchement adoptée. »

Donnons quelques spécimens de ces nouvelles annonces :

ODÉON. Spectacle extraordinaire. Première représentation du *Camoens*, drame en 5 actes, en prose. — Avant-dernière représentation du *Pharaon*. par Mlle Georges.

Changement de domicile. La papeterie Guillard est transférée rue Laffite, 45.

DARGAUD, Md tailleur. 19, rue Grammont, près du boulevard Italien. Spécialité pour pantalons et gilets.

PIANOS DROITS. L'immense vogue qu'obtiennent les nouveaux pianos droits de la maison *Henri Herz* est justifiée par la bonté, la solidité. l'élégance et le bon marché (700 fr.) de ces instruments, dont la supériorité a d'ailleurs été constatée par le rapport du jury central de l'exposition de 1844. qui les a classés au premier rang. en accordant à la maison *Henri Herz* la médaille d'or. 1615

CAOUTCHOUC, rue Fossés-Montmartre, 4, *Rattier et Guibal*. Vêtements imperméables, coussins de voyage, tabliers de nourrice, clysoirs, bretelles, jarretières, etc., etc.

LA PRESSE, 3o avril 1845

NOUVELLE AUGMENTATION DE FORMAT

NOUVELLE RÉDUCTION DU PRIX DE L'ABONNEMENT

« Par suite du développement de ses annonces, *la Presse* d'ici
« au 1" juillet prochain portera de seize à vingt le nombre de ses
« colonnes, c'est-à-dire qu'elle augmentera son format d'un quart
« en étendue :
« Et réduira le prix de son abonnement :
« De 14 à 13 francs par trimestre pour les départements :
« De 12 à 11 francs par trimestre pour Paris. »

Suivons dans le numéro suivant de :

LA PRESSE, lundi 3o juin 1845

SOCIÉTÉ GÉNÉRALE DES ANNONCES

PLACE DE LA BOURSE, 8

« On verra ci-après dans le spécimen des *annonces anglaises*
« et des *annonces omnibus* : 1° comment les catégories d'avis au
« public se divisent entre ces deux espèces d'annonces ; 2° dans
« quel ordre les matières seront classées.
« *L'annonce anglaise* (à 2 fr. la ligne double) pourra être
« affectée comme *l'annonce-affiche* sans restriction à toute
« annonce de nature quelconque admise par le journal ; si donc
« il convient à un annonceur de faire insérer dans les *annonces*
« *anglaises* un avis qui eût trouvé sa place dans l'*annonce*
« *omnibus* à un bien moindre prix, il en sera libre.

« L'annonce *omnibus* au contraire sera affectée à des catégories
« spéciales : on comprend, en effet, qu'en ouvrant la publicité
« des *trois grands journaux*, au prix si minime de o fr. 3o,
« la Société se soit réservé le droit de restreindre les catégories
« appelées à jouir de cette faveur.

« Les *annonces anglaises* ne seront point placées pêle-mêle :
« on groupera ensemble celles de même nature dans un ordre qui
« sera autant que possible invariable; chacun saura donc toujours
« dans quelle partie de la page il devra chercher l'avis qui l'inté-
« resse.

« Les *annonces-omnibus* seront aussi classées par ordre de
« matières, mais elles jouiront, en outre, d'un titre et d'un sous-
« titre, livrés gratuitement par l'administration, de manière à
« guider l'œil du lecteur et à lui rendre les recherches faciles.

« Dans le spécimen des *annonces anglaises*, on verra que l'ordre
« adopté est celui-ci : spectacles, fêtes, concerts, etc. — Librairie,
« beaux-arts, musique, etc. — Industrie de toute nature. —
« Annonces médicales, hygiéniques, etc. — Annonces judiciaires.
« — Immeubles, ventes immobilières. — Meubles, ventes mobi-
« liaires. — Adjudications publiques, avis des ministères. —
« Société par actions. — Mouvement des ports. — Avis divers,
« demandes et offres. — Indicateur quotidien de tout ce qui peut
« être utile aux voyageurs dans les provinces et à l'étranger.

« Dans le spécimen des *annonces omnibus*, l'ordre adopté est
« celui-ci : quartiers de Paris et villes voisines pour les locations,
« les fournisseurs et les reventes des objets d'occasion. — Ventes
« au rabais, livres au rabais. — Industrie des ouvriers en chambre.
« — Ventes mobilières par officiers ministériels, à Paris et aux
« environs. — Emprunt, association. — Demandes et offres. —
« Chômage. — Ouverture de travaux. — Avis divers. — Indica-
« teur parisien. — Chemins de fer, bateaux à vapeur, voitures
« publiques pour les environs de Paris.

« Ainsi le public trouvera, tous les matins, dans les *annonces
« anglaises* et dans les *annonces omnibus* un répertoire universel
« de tous les avis qui peuvent l'intéresser. »

SPÉCIMEN DES ANNONCES DITES ANGLAISES

A 2 francs la ligne (double de la ligne omnibus) composée de 50 lettres de sept points.

BICHE AU BOIS, à la Porte-Saint-Martin. Cette féerie en 16 tableaux continue ses succès et brave la chaleur.

A SAINT-CLOUD, deux fort jolies Maisons pouvant être réunies, avec jardins, vue magnifique, proximité du parc; rue de la Paix, nos 6 et 8. Facilités pour le payement; s'adresser rue Saint-Lazare, 120.

ON PRIE INSTAMMENT M. W. L..., qui a quitté son domicile à Londres, le 10 juin dernier, de retourner immédiatement à Roterdam auprès de ses parents, qui sont prêts à lui pardonner ses torts; s'il a besoin d'argent, il peut s'adresser à son oncle.

BORDEAUX, HOTEL DE LA PAIX, tenu par Sausot; cet hôtel nouvellement restauré, dans un des plus beaux quartiers de la ville. près du magnifique théâtre. réunit tout le confortable qu'on peut désirer. Pâtés renommés.

GENÈVE, HOTEL DES BERGHES, tenu par Baffenacht; le propriétaire a publié un petit volume contenant le tarif du prix de ses divers appartements, une carte de restaurant, des instructions pour les passeports, pour le remisage, etc., et en général pour tout ce qui a rapport au séjour des voyageurs.

Continuons ces citations avec :

LA PRESSE du Mardi 1ᵉʳ juillet 1845

SOCIÉTÉ GÉNÉRALE DES ANNONCES

« A compter d'aujourd'hui, 1ᵉʳ juillet, le public peut aller
« déposer ses annonces dans les 218 bureaux d'insertion que la
« Société a définitivement constitués et dont les adresses
« suivent :

1ᵉʳ ARRONDISSEMENT

QUARTIER DES TUILERIES

Nᵒˢ   1. Rue Saint-Louis-Saint-Honoré, 7.
    2. Rue Saint-Honoré, 348.
    3. Rue de Rivoli, 30.
    4. Rue Saint-Nicaise, 1.
    5. Rue Saint-Honoré, 354.
    6. Rue Monthabor, 30.
   27. Rue du Dauphin, 3.
  215. Rue Neuve-du-Luxembourg, 6.

QUARTIER DES CHAMPS-ÉLYSÉES

Nᵒˢ   7. Rue de Chaillot, 46.
    8. Rue des Champs-Élysées, 5.
    9. Rue du Faubourg-Saint-Honoré, 117.

QUARTIER DE LA PLACE VENDOME

Nᵒˢ 10. Rue Thiroux, 8.
   11. Rue Louis-le-Grand, 1.
   12. Place de la Madeleine, 26.
   13. Rue Joubert, 8.
   14. Rue Neuve-Saint-Augustin, 59.
   39. Rue Saint-Nicolas, 22.
   15. Rue Saint-Lazare, 89.
   16. Rue Saint-Honoré, 420.
   17. Rue Greffulhe, 1.
   18. Rue Royale, 14.
   19. Boulevard des Capucines, 23.
 175. Rue de la Chaussée-d'Antin, 37.
   21. Rue Chauveau-Lagarde, 2.
   43. Rue Neuve-Saint-Augustin, 78.

QUARTIER DU ROULE

Nᵒˢ 22. Rue Rumfort, 3.
   23. Rue de Tivoli, 26.
   24. Rue Saint-Lazare, 120.
   25. Rue Rumfort, 4.
   26. Rue Saint-Lazare, 104.

IIᵉ ARRONDISSEMENT

QUARTIER DU FAUBOURG MONTMARTRE

Nᵒˢ 28. Rue du Faubourg-Poissonnière, 19.
   29. Rue Montholon, 11 bis.
   30. Rue du Faubourg-Montmartre, 40.
   52. Boulevard Poissonnière, 24.

Nᵒˢ 41. Rue du Faubourg-Montmartre. 4.
38. Rue du Faubourg-Poissonnière, 7.
53. Rue Coquenard, 14.
40. Rue du Faubourg-Montmartre. 52.

QUARTIER FEYDEAU

Nᵒˢ 52. Rue Marivaux. 2.
33. Boulevard des Italiens. 7.
74. Rue Neuve-Saint-Augustin. 18.

QUARTIER DE LA CHAUSSÉE D'ANTIN

Nᵒˢ 34. Rue Notre-Dame-de-Lorette. 13.
35. Rue de la Chaussée-d'Antin, 40.
44. Rue des Trois-Frères, 9.
31. Rue Bourdaloue, 7.
36. Boulevard Montmartre. 14.
37. Rue Saint-Lazare. 6.
42. Rue Lepelletier, 19.
20. Rue de la Chaussée-d'Antin, 60.
73. Rue de Provence, 46.

QUARTIER DU PALAIS-ROYAL

Nᵒˢ 75. Rue Neuve-des-Petits-Champs. 52.
72. Cours des Fontaines, 6.
71. Palais-Royal, 230.
70. Fontaine-Molière, 37.
69. Rue Richelieu, 13.
76. Passage Radzivill.

IIIᵉ ARRONDISSEMENT

QUARTIER MONTMARTRE

Nᵒˢ 67. Rue Poissonnière, 29.
66. Rue du Faubourg-Poissonnière.
68. Rue de Cléry, 19.
65. Rue du Cadran, 11.
64. Rue Montmartre, 84.
63. Galerie Richer.
61. Rue Montmartre, 182.

QUARTIER DU MAIL

Nᵒˢ 62. Rue Montmartre, 141.
60. Rue Croix-des-Petits-Champs, 54.
59. Rue Vide-Gousset, 4.
58. Rue des Filles-Saint-Thomas, 5.

QUARTIER DU FAUBOURG POISSONNIÈRE

Nᵒˢ 57. Boulevard Bonne-Nouvelle, 32.
56. Rue Hauteville, 22.
46. Boulevard Bonne-Nouvelle, 28.
55. Faubourg Saint-Denis, 171 bis.
54. Rue de l'Échiquier, 38.
51. Rue du Paradis-Poissonnière, 51.

QUARTIER SAINT-EUSTACHE

Nᵒˢ 50. Rue Jean-Jacques-Rousseau, 1.
47. Rue Jean-Jacques-Rousseau, 18.
48. Rue Montmartre, 1 bis.
49. Rue Jean-Jacques Rousseau, 32.

IVᵉ ARRONDISSEMENT

QUARTIER SAINT-HONORÉ

Nᵒˢ 77. Rue de l'Arbre-Sec, 60.
78. Rue du Coq-Saint-Honoré, 10.
216. Rue de l'Arbre-Sec, 32.

QUARTIER DE LA BANQUE

Nᵒˢ 45. Rue Croix-des-Petits-Champs, 11.
84. Passage Vérot-Dodat.

QUARTIER DU ROULE

Nᵒˢ 79. Rue des Fossés-Saint-Germain-l'Auxerrois, 45.
80. Place des Trois-Mariés, 2.
81. Rue Chilpéric, 2.
83. Rue de la Monnaie, 12.

QUARTIER DES MARCHÉS

Nᵒˢ 85. Rue du Marchés-aux-Poirées, 8.
86. Passages des Innocens, 7.
87. Rue du Chevalier-du-Guet, 4.

Vᵉ ARRONDISSEMENT

QUARTIER DE LA PORTE-SAINT-MARTIN

Nᵒˢ 88. Rue du Faubourg-Saint-Martin, 38.
89. Rue du Faubourg-du-Temple, 87.
90. Rue du Faubourg-Saint-Martin, 104.
91. Rue du Faubourg-du-Temple, 17.

QUARTIER BONNE-NOUVELLE

Nᵒˢ 95. Rue Bourbon-Villeneuve, 61.
96. Place du Caire, 11.
97. Rue de Cléry, 51.
142. Passage du Caire, 64.

QUARTIER DU FAUBOURG-SAINT-DENIS

Nᵒˢ 92. Boulevard Saint-Denis, 6.
93. Rue du Faubourg-Saint-Martin, 1.
94. Rue du Faubourg-Saint-Martin, 2.

QUARTIER MONTORGUEIL.

Nᵒ 247. Rue du Cloître-Saint-Jacques, 8.

VIᵉ ARRONDISSEMENT

QUARTIER DES LOMBARDS

Nᵒˢ 98. Rue Saint-Martin, 107.
99. Rue des Écrivains, 6.
100. Rue Aubry-le-Boucher, 17.
101. Rue Saint-Martin, 75.

QUARTIER SAINT-MARTIN-DES-CHAMPS

Nᵒˢ 106. Rue du Vert-Bois, 17.
107. Rue du Vieux-Marché-Saint-Martin, 14.
108. Rue Aumaire, 1.
109. Rue Notre-Dame-de-Nazareth, 2.
110. Rue de la Croix, 3.
111. Rue du Temple, 37.

Nᵒˢ 112. Rue Royale-Saint-Martin, 27.
    113. Rue Transnonnain, 44.
    114. Boulevard Saint-Martin, 5.
    116. Rue Saint-Martin, 1.

QUARTIER DE LA PORTE-SAINT-DENIS

Nᵒˢ 102. Passage du Grand-Cerf, 26.
    103. Rue du Ponceau, 6.
    104. Rue Neuve-Bourg-l'Abbé, 58.

QUARTIER DU TEMPLE

Nᵒˢ 117. Rue Fontaine-au-Roi, 1.
    119. Rue Boucherat.
    120. Rue Ménilmontant, 33.
    121. Rue du Faubourg-du-Temple, 12.
    122. Rue du Faubourg-du-Temple, 16
    123. Boulevard du Temple, 43.

VIIᵉ ARRONDISSEMENT

QUARTIER DE L'HOTEL-DE-VILLE

Nᵒˢ 124. Rue Rambuteau, 57.
    125. Rue Rambuteau, 75.
    126. Rue Michel-le-Comte, 39.
    127. Rue Saint-Martin, 2.
    128. Rue Rambuteau, 39.

QUARTIER DES ARCIS

Nᵒ 129. Rue Vieille-du-Temple, 56.

QUARTIER DU MONT-DE-PIÉTÉ

N°s 133. Rue du Temple, 56.
134. Rue de la Tixeranderie, 79.
135. Rue des Rosiers, 26.
136. Rue Culture-Sainte-Catherine, 7.
137. Passage Saint-Antoine, 69.

QUARTIER DU MARCHÉ SAINT-JEAN

N°s 130. Rue de la Verrerie, 59.
131. Rue Saint-Denis, 108.
132. Rue du Mouton. 3.

VIIIe ARRONDISSEMENT

QUARTIER POPINCOURT

N°s 138. Rue de la Roquette, 40.
139. Rue de la Roquette, 82.
140. Rue Popincourt. 38.

QUARTIER DES QUINZE-VINGTS

N°s 118. Rue du Faubourg-Saint-Antoine, 2.
149. Rue de Charenton, 171.
150. Rue Lenoir, 1.
142. Rue du Faubourg-Saint-Antoine, 172.

QUARTIER DU MARAIS

N°s 141. Boulevard Beaumarchais, 5.
143. Place Royale, 28.
144. Rue du Pas-de-la-Mule, 3.

Nos 145. Boulevard Beaumarchais, 85.
146. Rue Saint-Antoine, 177.
147. Rue des Filles-du-Calvaire, 18.

QUARTIER DU FAUBOURG SAINT-ANTOINE

Nos 148. Rue de Charonne, 72.
152. Rue du Fauboug-Saint-Antoine, 269.
152. Rue du Faubourg-Saint-Antoine, 111.

IXe ARRONDISSEMENT

QUARTIER DE L'HOTEL-DE-VILLE

Nos 115. Rue Sainte-Antoine, 5o.
153. Rue des Nonaindières, 5.
154. Rue de Furcy-Saint-Antoine, 1.

QUARTIER DE L'ILE-SAINT-LOUIS

Nos 158. Rue des Deux-Ponts, 1.
159.   —   32.

QUARTIER DE L'ARSENAL

Nos 115. Rue Sainte-Antoine, 196.
156. Quai des Célestins, 28.
157. Rue Saint-Paul, 6.

QUARTIER DE LA CITÉ

Nos 160. Rue d'Arcole, 5.
161. Place du Palais-de-Justice, 5.
162. Quai aux Fleurs, 15.

Xe ARRONDISSEMENT

QUARTIER DU FAUBOURG-SAINT-GERMAIN

Nᵒˢ 163. Avenue de Lamothe-Piquet, 15.
    164. Rue de Bourgogne, 3.
    165. Rue de Lille, 19.
    166. Rue Saint-Dominique-Saint-Germain, 17.
    167. Rue de Verneuil, 34.
    168. Rue Saint-Dominique-Saint-Germain. 82.
    169. Rue Saint-Dominique-Saint-Germain, 99.

QUARTIER DE LA MONNAIE

Nᵒˢ 172. Rue du Dragon, 42.
    173. Rue Jacob, 31.
    174. Rue du Four-Saint-Germain, 22.
    176. Place Saint-Germain-des-Prés, 176.
    177. Rue Taranne, 1.
    178. Rue des Saints-Pères, 77.
    179. Rue du Sabot, 7.

QUARTIER DES INVALIDES

Nᵒˢ 170. Rue Saint-Dominique-Saint-Germain, 177.

QUARTIER SAINT-THOMAS-D'AQUIN

Nᵒˢ 180. Rue de Sèvres, 57.
    Rue du Bac, 96.

XIe ARRONDISSEMENT

QUARTIER DU LUXEMBOURG

N°s 171. Rue Neuve-du-Colombier, 5.
182. Rue des Boucheries-Saint-Germain, 47.

QUARTIER DE L'ÉCOLE-DE-MÉDECINE

N°s 191. Quai des Grands-Augustins, 47.
192. Rue Hautefeuille, 3.
193. Rue de l'École de Médecine, 35.
194. Rue Saint-André-des-Arts, 17.
195. Rue Corneille, 1.
196. Carrefour de l'Odéon, 3.
197. Place Saint-André-des-Arts, 15.

QUARTIER DE LA SORBONNE

N°s 183. Quai Saint-Michel, 11.
184. Rue Neuve-Richelieu, 7.
185. Rue des Mathurins, 19.
186. Rue Saint-Jacques, 62.
187.   —   124.
188. Rue Saint-Hyacinthe-Saint-Michel, 3o.
189. Place Saint-Michel, 5.
190.   —   125.

XIIe ARRONDISSEMENT

QUARTIER SAINT-JACQUES

N°s 198. Rue Montagne-Sainte-Geneviève, 86.
199. Rue du Petit-Pont, 15.

Nᵒˢ 200. Place Maubert, 39.

201. Rue Saint-Jacques, 161.

202.   —   53.

203. Rue des Noyers, 12 et 14.

204. Rue Saint-Jacques. 41.

QUARTIER DU JARDIN-DU-ROI

Nᵒˢ 205. Rue Mouffetard, 5.

206.   —   59.

207. Rue Saint-Victor, 71.

208.   —   2.

QUARTIER SAINT-MARCEL.

Nᵒˢ 209. Rue du Jardin-du-Roi, 14.

210. Rue d'Orléans-Saint-Marcel, 20.

211. Rue Mouffetard, 168.

QUARTIER DE L'OBSERVATOIRE

Nᵒˢ 212. Rue des Fossés-Saint-Jacques, 6.

213. Rue d'Enfer, 17.

214. Rue Saint-Jacques, 17.

CHAPITRE IV

LA RÉGIE DES ANNONCES

L A grande publicité était créée de toutes pièces. il ne s'agissait plus que de la réglementer.

A côté des courtiers de publicité se placèrent les fermiers d'annonce qui prirent en régie les journaux en vogue.

Nous en donnerons le premier formulaire. qui parut toujours dans *La Presse* du 6 juillet 1845 avec ce titre :

SOCIÉTÉ GÉNÉRALE DES ANNONCES

—

CH. DUVEYRIER ET Cⁱᵉ
PLACE DE LA BOURSE, 8

—

Au Commerce et à l'Industrie. « Il résulte du tarif de la « *Société générale des An-* « *nonces* que les prix sont réduits dans la proportion suivante :

« Les *faits-Paris*, de 20 o/o; ils étaient à 5 francs de iigne : la « Société les a portés à 4 francs.

« Les *réclames*, de 33 et de 50 o/o ; ces réclames, que nous « appellerons désormais *annonces anglaises*, étaient dans le *Con* · « *stitutionnel* et la *Presse*, à 3 francs la ligne; dans les *Débats*, « à 4 francs : nous les avons réduites à 2 francs.

« Quant aux annonces proprement dites *annonces-affiches*,
‹ dans l'impossibilité où était la société d'opérer une réduction,
« quant à présent, elle a voulu au moins prévenir les erreurs et
« les complications qu'ont entraînées jusqu'à ce jour les diverses
« catégories de prix; elle a voulu surtout bannir toute obscurité
« des calculs, et faire que les personnes les moins expérimentées
« pussent se rendre un compte exact du prix de revient de
« chaque insertion. C'est pour cela que nous avons adopté un·
« prix unique qui tient le juste milieu entre le prix fort et le prix
« faible.

« Le prix le plus élevé de la petite ligne de 3o lettres dans les
« *Débats*, le *Constitutionnel* et la *Presse* était de 1 fr. 3o: le prix
« le plus réduit, de o fr. 7o. Nous avons coté ces annonces à 2 fr.
« la grande ligne de 6o lettres, soit 1 fr. l'ancienne petite ligne de
« 3o lettres; petite ligne à laquelle nous avons été forcés de
« renoncer en présence des difficultés typographiques que pré-
« sentait la justification sur dix colonnes.

« La modération de ce tarif nous dispense de tout commen-
« taire: toutefois nous insisterons sur un point.

« Les *Débats*, le *Constitutionnel* et la *Presse* réunissent
« 6o.ooo *abonnés*. Nous donnons une grande ligne d'*annonces-*
« *affiches* dans ces trois journaux à la fois pour 6 francs ; c'est
« donc, par chaque 1,ooo abonnés, 1o centimes la grande ligne
« de 6o *lettres*, soit 5 centimes la ligne d'annonces de l'ancienne
« justification à 3o lettres.

« Si l'on veut bien considérer quelle est la nature, la position
« sociale et de fortune de ces 6o.ooo abonnés, on comprendra
« que le chiffre de 5 centimes la ligne, par chaque 1.ooo *abonnés*,
« est un bon marché sans précédents, sans point de compa-
« raison.

« Nous appelons également votre attention sur les illustrations
« qu'un grand nombre d'industriels sont dans l'habitude, depuis
« quelques années, de joindre à leurs annonces. La faculté de
« frapper les yeux par la forme et la disposition des caractères
« est moins précieuse peut-être que l'avantage de pouvoir com-

« pléter par des dessins, des modèles, des plans, une exposition
« souvent aride.

« Les illustrations peuvent s'appliquer aux tracés des grands
« travaux comme aux enseignes de boutiques, aux plans de pro-
« priétés comme d'appartements, aux objets d'arts, aux meubles,
« aux instruments de musique ou de chirurgie : à tous les procédés
« mécaniques, aux outils comme aux patrons de modes nou-
« velles. La Société n'épargnera rien pour offrir aux industriels
« qui voudront avoir recours aux illustrations tous les genres
« d'intermédiaires qu'ils pourront désirer : elle s'est assuré, dans
« ce but, le concours des meilleurs artistes.

« En résumé, aucune combinaison de publicité n'avait jusqu'à
« ce jour réuni, au même degré que la *Société générale des*
« *Annonces* : la modération des tarifs, la quantité et la qualité
« des abonnés, triple condition à l'aide de laquelle nous espérons
« pouvoir aider fructueusement à toutes les entreprises du com-
« merce et de l'industrie.

« *Le Directeur de la Société générale des Annonces.*

« CHARLES DUVEYRIER et Cⁱᵉ. »

Spécimen :

GRANDE FÊTE A l'île Saint-Denis, les 6, 7, 13 et 14 juillet 1845.
Divertissements, collin-maillard, au bouquet, mât
de beaupré, jeux nautiques, courses aux canards, feux d'arti-
fices et bals à grand orchestre.

Le même jour, la nouvelle Société faisait un *appel aux
propriétaires ;* oyez :

TERME DU 15 JUILLET ANNONCES DE LOCATIONS.

« La *Société générale des Annonces,* en créant dans le *Jour-
« nal des Débats,* le *Constitutionnel* et la *Presse* des annonces-
« omnibus à 30 centimes la ligne, a eu surtout en vue de faire
« dans chacun de ces journaux, sous la rubrique de : *location.*

« une sorte de répertoire où tous les locataires pourront trouver.
« *sans déplacement*, un appartement à leur convenance.
  « Le renouvellement du terme du 25 juillet permettra de faire
« ressortir tous les avantages de l'*annonce-omnibus* et de donner
« à des milliers de personnes dans Paris et dans la banlieue les
« moyens d'en éprouver les effets immédiatement. Une *annonce*
« de trois lignes suffit pour faire connaître les détails et les avan-
« tages essentiels d'une location, quelle que soit sa nature. Cette
« annonce, classée méthodiquement par quartier, revient à
« 90 centimes les trois lignes par chaque journal: à ce prix.
« l'insertion, pouvant être plusieurs fois répétée, réunit aux con-
« ditions d'économie les plus grandes chances d'efficacité. »

Voici quelques annonces-omnibus données en exemple :

SPÉCIALITÉ DE MANTELETS

Chez MAILLARD, au *Solitaire*.

faubourg Poissonnière, 4, près le boulevard.

Mantelets taff. d'Ital. 18, 24. 35 fr.	*Mantelets* av. dentelles 34 à 70 fr.
Mantelets id. glacés, 29, 36, 48	*Mantelets* tulles brod., 40 à 90

Annonces-omnibus à 30 centimes la ligne :

LOCATION DE PARIS

HOTEL rue de Chaillot, 72, près la grande avenue des Champs-Elysées, avec cours. écurie, remise et grand jardin. présentement meublé ou non meublé.	RABAIS. A 13 fr. la 1re qualité de chapeaux de soie imperméables à la sueur, d'une solidité qui dépasse toute imagination, rue Coq-Héron, 3. — Chapeaux mécaniques, 16 fr.; castor extra-fin. 22 fr.

***

Malgré tout ce déploiement de publicité, la nouvelle et

hardie société ne faisait pas florès, car dans la *Presse* du 5 avril 1848 nous trouvons l'avis suivant :

« La Société générale des annonces, formée le 12 mai 1845
« par MM. Charles Duveyrier et Cⁱᵉ, avait affermé les *annonces*
« de la *Presse* pour vingt-cinq années, moyennant 300.000 fr.
« par an, plus partage par moitié dans les bénéfices. MM. Duvey-
« rier et Cⁱᵉ, nous ayant par exploit en date du 24 mars 1848
« signifié « que les événements de force majeure qui viennent
« de s'accomplir ont nécessairement brisé tous les contrats; que
« pour leur compte, après avoir fait d'infructueux efforts, ils sont
« forcés de proclamer leur impuissance et de mettre un terme à
« leur exploitation... »

Par suite de cette signification, la publicité dut chercher une nouvelle voie: elle fut rapidement trouvée, car le jour même, c'est-à-dire le mercredi 5 avril 1848, nous lisons cet avis dans *La Presse* :

RÉFORME DES ANNONCES

L'ÉGALITÉ DEVANT LA PUBLICITÉ !

UNITÉ DES TYPES. — UNITÉ DES PRIX

« BASES :

« Le Prix des avis a pour base le chiffre du tirage: 2 centimes
« par 1.000 abonnés.

« EN CONSÉQUENCE :

« Le tirage de la *Presse* (édition des abonnés) étant de 50.000
« exemplaires :

« Le prix des avis insérés dans la *Presse* est fixé à 1 franc la
« grande ligne.

« CETTE RÉFORME :

« Démocratise l'*Annonce* et la transforme en Avis :

« Bannit l'annonce-affiche, les clichés et l'emploi des grosses
« lettres ;

« Restreint le charlatanisme, exclut les distinctions nuisibles :

« Supprime la concurrence ruineuse : organise la publicité fé-
« conde :

« Admet à y participer, à peu de frais, les industries les plus
« modestes ;

« Divise méthodiquement toutes les catégories d'avis, rend les
« recherches faciles.

« La place occupée ne se mesure plus, elle se compte.

« Nombre de lignes insérées, nombre de lignes dues.

« Toute fraude est matériellement impossible.

« Aucune faveur n'est accordée : 2 lignes ont les mêmes droits
« que 2.000 lignes.

« *Pour tous et pour tout*, enfin, immeubles et meubles, librai-
« rie et industrie, commerce et avis divers, le tarif est le même.
« *Égalité devant la Publicité*.

« Tout avis à insérer se paie d'avance.

« Toute insertion peut être refusée par le gérant.

« Le public est admis à vérifier le tirage du journal.

« Pour tous les avis à insérer dans la *Presse*, s'adresser à
« M. Edouard Lebey, rue Laffitte, 1, boulevard des Italiens
« (Maison dorée). »

Cueillons des types encore :

LA PRESSE du 7 avril 1848.

RÉDACTION DES AVIS

« Le nouveau système d'avis au public adopté par le journal la
« *Presse* étant un changement radical apporté dans la rédaction
« des anciennes annonces en usage, un rédacteur est chargé, sous
« la direction de M. Lebey, régisseur, de disposer toutes les inser-

« tions dans la forme nouvelle qu'elles doivent avoir pour remplir
« leur but.

« S'adresser à M. Lebey, régisseur des Insertions du journal
« la *Presse*, rue Laffite, 1, boulevard des Italiens (Maison Dorée). »

CLASSIFICATION ADOPTÉE
I. — JOURNAL DE TOUS

Réclamations, Correspondances, Professions de foi,
Idées de tous et opinion de chacun

« Le *Journal de Tous* est un emprunt fait à la presse anglaise.
« On n'a qu'à ouvrir un numéro du *Times*, on y verra une mul-
« titude de lettres avec cette suscription : à l'éditeur. Le *Journal de*
« *Tous* manquait à la presse française. Quiconque avait une idée
« à émettre, une opinion à discuter, ne savait sous quelle forme
« la produire. Ce n'était pas le tout que de faire imprimer sa
« pensée chez un imprimeur sur une feuille de papier : il fallait
« chercher et trouver des lecteurs. Le *Journal de Tous* a cet
« avantage qu'il tient lieu d'imprimeur, de distributeur, et qu'il
« vous met tout de suite en relation avec une agglomération de
« lecteurs. »

« 17 avril 1848.

« L'impression et la distribution des billets ayant pour objet
« une invitation de se rendre au convoi des personnes décédées
« sont un soin pénible, une dépense et une perte de temps.
« Trois lignes ne coûtant que 3 francs remises jusqu'à *8 heures*
« *du soir* au bureau de la *Presse* rempliront le même but, plus
« économiquement et plus rapidement. »

VIEUX COGNAC. — Un propriétaire de Cognac se propose de
céder des eaux-de-vie de 25 ans. Prix : 3 fr. la bouteille. La pareille
n'existe pas à Paris et se vend 5 fr. à Cognac. S'adr. avant midi rue
du Faubourg-Poissonnière, 70.

PLUS DE CHOCOLATS FALSIFIÉS !!! — Cacao en poudre.
Délayé dans l'eau ou lait bouillant, il donne un chocolat entièrement
pur. La boîte de 10 tasses, 1 fr. 50. — Maison Legrand, Grande Gale-
rie-des-Panoramas, 13.

CHAPITRE V

LA CONCURRENCE DES CONFRÈRES. — UNE NOUVELLE
PUBLICITÉ

A nouvelle combinaison Lebey eut plus de succès que les précédentes et, devant le flot montant des annonces et réclames, les journaux rivaux essayèrent de faire un barrage.
. La *Presse* se défendit, battant la caisse avec *son bon marché* et s'adressant encore à MM. les propriétaires : ainsi :

LA PRESSE *du mardi 18 avril 1848*

« Au prix de 24 francs pour Paris et de 36 francs pour les
« départements, tandis que le *National* (petit format) coûte
« 40 francs pour Paris et les départements, et le *Journal des*
« *Débats* 60 francs, la publication de la *Presse* n'est possible
« qu'à la condition que sa quatrième page, réservée aux *insertions*
« *payées*, couvrira les frais décroissants de *rédaction*, d'*adminis-*
« *tration* et de *composition*.

« Toute communication ou tout avis, quel qu'en soit l'objet,
« dont on désire l'insertion, doit donc être adressé à M. Lebey,
« rue Laffitte, n° 1.

« Rien de plus facile que de se rendre compte des frais d’inser-
« tion.

« *Un franc la ligne*, sans distinction de la place occupée ni
« de l’objet de la communication. Ainsi une consommation
« de 3o lignes coûtera 3c francs pour être composée, tirée et
« distribuée à 54.000 exemplaires.

« Quelle publicité fut jamais moins chère ?

« Toute insertion payée étant classée au-dessous de la signa-
« ture du gérant, ce classement a deux avantages :

« De ne pas engager la responsabilité du journal ;

« De laisser aux opinions et aux intérêts pleine liberté de se
« produire dans le *Journal de Tous*.

« Depuis que le *Journal de Tous* a trouvé place dans notre
« cadre, la liberté de la presse a cessé d’être un monopole ; cha-
« cun a son journal, où il n’a qu’à émettre son opinion en peu
« de mots, pour atteindre son but à peu de frais.

« Toutes les demandes d’insertions, lettres, communications
« et avis adressés au rédacteur en chef de la *Presse* sont ren-
« voyés, *sans* exception, par le secrétaire de la rédaction,
« M. Nefftzer, au régisseur des insertions, M. Lebey. Inutile de
« s’adresser à M. de Girardin. »

LA PRESSE du vendredi 26 mai 1848

AUX PROPRIÉTAIRES

« Jamais les propriétaires n’ont eu ni tant d’appartemens
« vacans, ni autant de difficultés à les louer.

« C’est se montrer imprévoyant, c’est restreindre involontaire-
« ment ses chances de location que de se contenter d’un *écri-
« teau* qui ne parle qu’aux yeux des passans, qui attend chez
« lui, sur son seuil, des locataires qu’il faudrait aller trouver chez
« eux au coin de leur feu.

« Un petit avis de *deux* lignes coûtant *deux* francs, inséré

« dans la *Presse*, irait porter à la connaissance de ses
« 3oo.ooo lecteurs, à Paris, ce fait que dans *telle* rue, à *tel*
« numéro, à *tel* étage, il y a à louer un appartement composé et
« distribué de *telle* ou *telle* façon, à tel prix.

  « A la rigueur, on peut même annoncer un appartement avec
« une ligne, moyennant *un franc.*

  « Ce mode de location est à la fois si simple et si facile ; il
« concilie si bien les intérêts de tous : ceux des propriétaires,
« en leur offrant un moyen de louer sûrement, promptement et
« économiquement ; ceux des locataires, en leur évitant de nom-
« breux ennuis, de longues fatigues et de grandes pertes de
« temps ; il est, en un mot, si complet, qu'avant peu la *Presse*
« l'aura popularisé, généralisé, à ce point que personne ne vou-
« dra chercher d'appartement ailleurs que dans le *Tableau des*
« *locations,* qu'elle insère chaque jour dans ses colonnes.

  « Ce qui est vrai pour les appartements à louer n'est pas
« moins vrai pour les chevaux et les voitures à vendre.

« Edouard LEBEY,

« Régisseur des annonces de la *Presse,*
1, rue Laffitte. »

* * *

Mais déjà M. Édouard Lebey rêvait à d'autres succès ;
peut-être songeait-il déjà à l'agence Havas ; quoi qu'il en
soit, nous le voyons quitter ses journaux au commencement de l'année 185o, et nous lisons dans :

LA PRESSE du 9 Janvier 1850

COMPAGNIE GÉNÉRALE D'ANNONCES

8, PLACE DE LA BOURSE, 8

RÉGIE DES ANNONCES DES QUATRE GRANDS JOURNAUX

PRESSE, DÉBATS, CONSTITUTIONNEL, SIÈCLE

ANNONCES-AFFICHES COMPTÉES SUR DU CARACTÈRE DE CINQ POINTS

« D'une à quatre annonces en un mois, la ligne . . . .   1 fr. »»
« De cinq à neuf annonces en un mois, ou une seule
« de 150 lignes . . . .   » fr. 80
« Dix annonces et plus en un mois, ou une seule au-
« dessus de 250 lignes . . . .   » fr. 60

ANNONCES ANGLAISES

COMPTÉES SUR DU CARACTÈRE DE SEPT POINTS

« D'une à quatre annonces en un mois, la ligne . . . .   1 fr. 25
« De cinq à neuf annonces en un mois, ou une seule
« au-dessus de 150 lignes. . . . .   1 fr. »»
« Dix annonces et plus en un mois, ou une seule au-
« dessus de 250 lignes . . . .   » fr. 75

RÉCLAMES : 3 francs la ligne

« *Nota.* — Les insertions concernant les ventes mobilières, les
« adjudications, les convocations et les avis aux actionnaires ne

« sont reçues que dans les Annonces anglaises et sont comptées
« indistinctement 1 fr. 5o la ligne. — Les Annonces-affiches con-
« cernant la Formation et la Constitution des Sociétés, les Appels
« de fonds, les Placemens d'hypothèques et les Jugemens sont
« comptées indistinctement à 1 franc la ligne, et les annonces an-
« glaises de même nature 1 fr. 5o centimes la ligne.
   « Les Réclames et autres Annonces ne sont reçues que sous la
« réserve expresse d'être agréées par la rédaction.
   « Les annonces sont reçues au bureau du journal, chez
« MM. Bigot et Comp., place de la Bourse, 8, et chez M. Panis
« (associé à la maison Bigot et Comp.), régisseur des annonces
« des quatre grands journaux, 10, place de la Bourse. »

.*.

Ces citations, ces annonces, ces programmes nous donnent
en entier la genèse de notre réclame actuelle et l'historique
des tâtonnements de la publicité telle que nous la retrouvons aujourd'hui dans le corps et à la quatrième page des
grands journaux quotidiens.

Cet élan donné de 1845 à 1852 continua sous le second
empire sans grand changement et sans grandes variations;
il nous faut arriver à l'époque présente, à cette fin dévorante
du xix° siècle, pour trouver, dans une ère nouvelle, une publicité formidable sous toutes ses faces. puissante et pro-
cédant par millions. Ce sera l'objet de notre second volume.

FIN

TABLE DES MATIÈRES

CINQUIÈME PARTIE

SIXIÈME PARTIE

TABLE DES ILLUSTRATIONS

TOURS. — IMP. E. ARRAULT ET Cie, 6, RUE DE LA PRÉFECTURE.

EXTRAIT DU CATALOGUE

César Borgia, par Charles Yriarte. — D'après les documents des dépôts des Romagnes, des Simancas, des Navarres. 2 volumes imprimés avec luxe, grand in-8, ornés de portraits, médailles, monuments, écussons, autographes et cartes, 20 fr.; sur papier de Hollande. Prix . . . . **40 fr.**

Autour des Borgia, par Ch. Yriarte. — Les monuments. — Les appartements au Vatican. — Les portraits d'Alexandre VI, de César et de Lucrèce. — L'Epée de César, etc. — Un volume imprimé à 500 exemplaires, avec 18 planches en chromo, en noir et sur cuivre et 156 illustrations; tirage sur simili-japon et sur vélin blanc, petit in-folio. Tous les exemplaires sont numérotés à la presse. Prix **50 fr.** Tirage d'un petit nombre sur japon. Pr. **100 fr.**

Florence, par Charles Yriarte. — Histoire de Florence, les Médicis, les Humanistes, les Lettres, les Arts (Architecture, Peinture, Sculpture, etc.) — Ouvrage de grand luxe, in-folio, faisant pendant à *Venise*. Un volume de 400 pages avec 500 illustrations et 6 planches sur cuivre, dont 80 grandes gravures formant page entière (14 imprimées en couleur et 42 sur papier très fort). Prix de l'ouvrage complet en carton de luxe, **60 fr.** Dans une belle reliure en demi-maroquin avec une mosaïque des armes des Médicis, en chromo au milieu, tranches dorées. Prix **80 fr.** — 20 sur papier de Chine Prix . . . . **200 fr.**

Fragonard (Honoré). — Sa vie, son temps et son œuvre, par le baron Roger Portalis. — Un fort volume grand in-8, avec 110 eaux fortes, planches sur cuivre et illustrations, imprimées hors texte, en sépia, en bistre et sanguine, Avec eaux-fortes, par Champollion, Lalauze, Courtry, Jasinski, Monziès, Wallet, de Mare, etc. Il est imprimé à 1,000 exemplaires numérotés à la presse Le tirage est ainsi réparti : Exemplaire sur parchemin avec quatre suites (dont trois avant la lettre) des eaux-fortes et planches sur cuivre et avec 3 planches extra. Prix, en carton de luxe, **1200 fr.** — Exemplaires sur vélin à la forme, fabriqué spécialement pour l'ouvrage et portant la marque Fragonard, avec deux suites (dont une avant la lettre) des eaux-fortes et planches sur cuivre, avec 3 planches extra. Prix **125 fr.** Exemplaires sur simili-japon. Pr. **80 fr.** Relié en 2 volumes . . . . . **110 fr.**

Nos Zouaves. — Historique, création du corps, faits d'armes, les régiments, la vie intime, par Paul Laurencin. Un très beau volume in-8, avec 88 illustrations par Camille Bellangé, Hippolyte Bellangé, Berne-Bellecour, Bocourt, Gaston Claris, Detaille, d'Otemar, Horace Vernet, Yvon, etc. Prix **8 fr.** relié . . . . **10 fr.**

L'Amazone au manège et à la promenade. — Traité de l'Equitation des Dames, par F. Musany. — Avec 206 vignettes par Frédéric Régamey; 1 vol. in-8 . . . . **10 fr.**

Le Cheval et son Cavalier, par le comte de Lagondie. Hippologie et Equitation. — Ecole pratique pour la connaissance, la conservation et l'amélioration du cheval de course, de chasse et de guerre. — 6e édition, ornée de 65 vignettes. Relié . . . . **7 fr. 50**

Ecuyers et Ecuyères Histoire des Cirques d'Europe (de 1680 à 1891), par le baron de Vaux, avec une étude sur l'équitation savante par Maxime Gaussen. — Préface par Henry Meilhac. — Introduction par Victor Franconi. — 3e édition. — Ouvrage de luxe de 392 pages grand in-8, avec 280 portraits et illustrations. Prix **20 fr.**; relié. **25 fr.**

Les Chiens d'Arrêt. Races anglaises, — Dressage. — Hygiène par Paul Caillard, avec 12 aquarelles dessinées d'après nature par O. de Penne, et 40 vignettes par Tavernier et O. de Penne. — Un volume in-folio oblong, texte en noir et bistre ; les aquarelles sont mises sur pierre par MM. Mesnard et Gaulard ; elles sont montées sur bristol blanc avec luxe. Relié à coins. **60 fr.**

Le Chien. — Description des races, croisements, élevage, dressage, maladies et leur traitement, d'après Stonehenge, Youatt, Mayhew, Bouley, Hamilton-Smith. 2e édition. Un volume orné de 126 vignettes, imprimé avec luxe, sur papier teinté, relié en toile grise à biseaux, avec fers spéciaux, tranches en couleur, Prix . . . **5 fr.**

Le Gibier-Plume ou les oiseaux de chasse. — Description, mœurs, acclimatation, chasse, par le marquis de Cherville. 3e édition, revue et augmentée de 4 chromos et d'une introduction générale sur le *Fusil*. Superbe volume, avec 34 chromo-typographies et 64 vignettes, par E. de Liphart, **12 fr.**; relié **15 fr.**; sur Hollande. **25 fr.** Les 2 vol. (*le Gibier Poil et le Gibier Plume*) pris ensemble, **20 fr.**; reliés . **24 fr.**

Le Gibier-Poil ou les quadrupèdes de la chasse. — Leur description, mœurs, acclimatation, chasse, avec un précis illustré du *Chien courant*, par le marquis de Cherville. 3e édition. Belle publication avec 30 eaux-fortes sur zinc, en couleurs, et 70 vignettes dessinées par Karl Bodmer. Broché **12 fr.**; relié **15 fr.**; sur Hollande **25 fr.** Les 2 vol. (*le Gibier Plume et le Gibier Poil*) pris ensemble, brochés **20 fr.**; reliés **24 fr.**

Dictionnaire vétérinaire. Hygiène, médecine, pharmacie, chirurgie, multiplication, perfectionnement des animaux domestiques, par L. Fellzet, avec une introduction par J.-A. Barral, 2e tirage, relié toile . . . . . **8 fr. 50**

BIBLIOTHÈQUE

NATIONALE

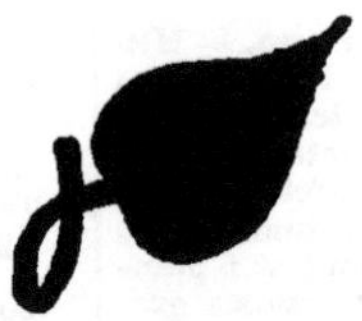

CHÂTEAU

de

SABLÉ

1989